Arbeiten zur Rechtsvergleichung

Schriftenreihe der Gesellschaft
für Rechtsvergleichung

Band 196

Hans-Leo Weyers (Hrsg.)

Electronic Commerce – Der Abschluß von Verträgen im Internet

Nomos Verlagsgesellschaft
Baden-Baden

Die Deutsche Bibliothek – CIP-Einheitsaufnahme
Die Deutsche Bibliothek – CIP Cataloguing-in-Publication-Data

Ein Titeldatensatz für diese Publikation ist bei
Der Deutschen Bibliothek erhältlich. (http://www.ddb.de)

A catalogue record for this publication is available from
Die Deutsche Bibliothek. (http://www.ddb.de)

ISBN 3-7890-7091-2

ISSN 0066-5703

1. Auflage 2001

Inhaltsverzeichnis

Vorwort des Herausgebers 7

Wolfgang Kilian, Hannover
Electronic Commerce – Der Abschluß von Verträgen im Internet
– Generalreferat – 9

Raymond T. Nimmer, Houston
Principles of Contract Law in Electronic Commerce:
A United States Law Perspective 37

Yves Poullet, Namur
Conclude a Contract Through Electronic Agents? 65

Sophie Louveaux / Yves Poullet / Anne Salaün, Namur
User protection in the cyberspace: some recommendations 85

Mads Bryde Andersen, Copenhagen
The Electronic Challenge to Private Law 113

Detlef Koch, Frankfurt a.M.
Sitzungsbericht 135

Vorwort

Man konnte in den letzten Jahren nahezu täglich Prognosen über die ständig wachsende Bedeutung des »Electronic Commerce«, also des über elektronisch operierende Netze vermittelten Handelsverkehrs, vernehmen. Ob die zahlreichen geradezu euphorischen Stimmen das Richtige treffen oder die gelegentlichen skeptischen Zwischenrufe, mag dahinstehen. Sicher ist, daß »Electronic Commerce« die Aufmerksamkeit der Juristen verdient. Denn natürlich ist das Internet, über das sich der größte Teil dieses Verkehrs abwickelt, kein rechtsfreier Raum – auch wenn der Umstand, daß die atemberaubende Entwicklung seiner technischen Infrastruktur sich international nahezu ohne juristische Zwänge vollzogen hat, dazu rät, in allen betroffenen Feldern zunächst die Frage zu stellen, ob wirklich Bedarf an juristischer Regulierung (und vor allem neuen Normen) besteht. Betroffen sind zahlreiche Rechtsgebiete, vom öffentlichen Recht mit strukturellen und limitativen Normen über Ordnungs- und Strafrecht bis zum Kern des zivilen Vermögensrechts.
Auch nur den größten Teil der aufgeworfenen Probleme zu behandeln würde den Zeithaushalt einer sinnvoll gestalteten Arbeitssitzung überfordern. Die zivilrechtliche Fachgruppe der Gesellschaft für Rechtsvergleichung hat sich deshalb während der Tagung für Rechtsvergleichung im September 1999 in Freiburg im Breisgau auf die Fragen beschränkt, die sich schon während des Abschlusses von Verträgen über elektronische Netze durch die Eigenart der technischen Abläufe und die Vermitteltheit der Kontakte unter den Beteiligten stellen. Im vorliegenden Band sind, ergänzt um einen Diskussionsbericht, die auf der Sitzung gekürzt vorgetragenen Referate im vollen Wortlaut abgedruckt. Ich bin sicher, daß sie ebenso das Interesse einer breiteren Öffentlichkeit finden werden wie die Beiträge auf der Tagung eine lebhafte und erfreuliche Diskussion angeregt haben. Denn ihre prinzipielle Ausrichtung gibt ihnen Wert über den Zeitpunkt hinaus, auf den sie sich in den technischen Eigenheiten beziehen.

Gemünden im Taunus, Dezember 1999 *Hans-Leo Weyers*

Electronic Commerce – Der Abschluß von Verträgen im Internet

Generalreferat

Wolfgang Kilian, Hannover

Gliederung

1. Ökonomische und technische Aspekte elektronischer Geschäftsbeziehungen 10
   1.1. Internet als elektronischer Markt 10
   1.2. Zusatznutzen des Internet 11
      1.2.1. Interaktivität 11
      1.2.2. Unmittelbarkeit des Zugriffs 11
      1.2.3. Senkung der Transaktionskosten 12
      1.2.4. Möglichkeit multimedialer Angebotsformen 12
2. Schwerpunkte der Beiträge von Anderson, Nimmer und Poullet 12
   2.1. Anderson 13
   2.2. Nimmer 13
   2.3. Poullet 14
3. Klassisches Modell des Vertragsabschlusses 14
4. Analyse des Vertragsabschlusses im INTERNET als Informations- und Entscheidungsprozeß 16
   4.1. Anbahnungsphase 16
   4.2. Angebotsphase 17
      4.2.1. Angebot 19
      4.2.2. Identifikation des Anbieters/Virtuelle Unternehmen 19
      4.2.3. Allgemeine Geschäftsbedingungen 21
      4.2.4. Sicherheit des Angebots/Digitale Signatur 22
   4.3. Zugangsphase 24
   4.4. Annahmephase 26
      4.4.1. Schriftform 27
      4.4.2. Identifikation des Annehmenden 28
   4.5. Rückabwicklungsphase 29
      4.5.1. Widerruf 29
      4.5.2. Anfechtung 29
5. Informationelles Modell des Vertragsabschlusses 30
   5.1. Sichere und vertrauensvolle Kommunikation 30
   5.2. Regelungsgesichtspunkte 31
   5.3. Umsetzung 32
      5.3.1. Unternehmensverträge 33
      5.3.2. Verbraucherverträge 34

6. International anwendbares Recht 35
7. Schlußbemerkung 36

1. *Ökonomische und technische Aspekte elektronischer Geschäftsbeziehungen*

Elektronische Geschäftsbeziehungen zeichnen sich dadurch aus, daß die Beteiligten (Unternehmen; Verbraucher) elektronisch kommunizieren und Transaktionen ganz oder teilweise elektronisch abwickeln. Das INTERNET als Metanetz von Computernetzen dient dabei als weltweites Medium und Instrument, das ohne Rechtsträger, ohne Registrierung, ohne Regulierung in weitgehender Selbstverwaltung die grenzüberschreitende Kommunikation beflügelt.
In technischer Hinsicht hat das INTERNET mit seinem Datenübertragungsleistungen eine durch technische Normen garantierte einheitliche Struktur. Für elektronische Vertragsabschlüsse sind zwei Kommunikationsplattformen relevant: Das World Wide Web (www) sowie die elektronische Post (e-mail). Beide Kommunikationsplattformen unterscheiden sich in den technischen Verfahren, wie die Kommunikation erfolgt.
Die kritische Masse an Kommunikationspartnern, die dem IINTERNET ökonomisch den weiteren Ausbau garantiert, ist längst überschritten. Im Jahre 1997 haben in Nordamerika bereits 10 Mio. Personen über das INTERNET eingekauft; weltweit wurde ein Umsatz von 8 Mrd. Dollar erreicht. In Deutschland bezogen 1997 2,2 Mio. Personen über das INTERNET vor allem Software, Computer und Bücher. Für das Jahr 2003 wird weltweit eine Umsatzsteigerung für INTERNET-Transaktionen auf 320 Mrd. Dollar prognostiziert.[1]

1.1. *Internet als elektronischer Markt*

Im INTERNET können Informationen jedweder Art – Werbung, Suchanfragen, Transaktionen immaterieller Güter, Telefonate, Musikstücke, Geldüberweisungen – kurz alles, was digitalisierbar und durch Zeichen oder Töne darstellbar ist, durchgeleitet und ausgetauscht werden. Digitalisierte Informationen lassen sich im INTERNET grundsätzlich ohne Zeitverlust weltweit anbie-

1 Zerdick/Picot u.a., Die Internet-Ökonomie. Strategien für die digitale Wirtschaft, Berlin/ Heidelberg 1999, S. 153.

ten, verteilen, abrufen, einsehen, nutzen oder vervielfältigen. Das INTERNET ist damit zu einem globalen elektronischen Markt[2] geworden, wo sich Angebot und Nachfrage treffen. Typische Geschäftsgegenstände sind Börsen- und Banktransaktionen, Computer- und Softwarekäufe oder Datenbankabfragen. Immer mehr virtuelle Kaufhäuser bieten auf ihren websites Waren in dreidimensionaler Darstellung an, die elektronisch bestellt und körperlich übergeben werden.
Die neue technische Infrastruktur der Übertragungswege (etwa Glasfaser- oder Satellitenübertragungen) beschleunigt insgesamt den Wechsel von physischen Atomen zu digitalen Bits[3].

1.2. *Zusatznutzen des Internet*

Aus der Sicht der Ökonomie, die auch Hinweise für juristische Anknüpfungen und Bewertungsalternativen geben kann[4], besteht der Zusatznutzen des INTERNET in vier Faktoren[5]:

1. Interaktivität
2. Unmittelbarkeit
3. Senkung der Transaktionskosten
4. Möglichkeit multimedialer Angebotsformen.

1.2.1. *Interaktivität*

Interaktivität bedeutet die Möglichkeit, daß der Nutzer über Steuerungssignale den Informationsaustausch organisieren und bis zu einer aktiven Kommunikation steigern kann. Die Informationen werden dadurch individualisiert angeboten und nachgefragt.
Juristisch kann dies Auswirkungen auf die Frage haben, ob eine Information ein Vertragsangebot oder eine Vertragsannahme darstellt oder auf die Frage, auf welche Weise die Kenntnisnahme und Einbeziehung von allgemeinen Geschäftsbedingungen erfolgt.

1.2.2. *Unmittelbarkeit des Zugriffs*

Im INTERNET können Informationen unabhängig von Zeit und Raum in Echtzeit angeboten, abgerufen, gespeichert oder verarbeitet werden.

2 Dazu: Picot/Reichwald/Wigand, Die grenzenlose Unternehmung, 2. A. Wiesbaden 1996, S. 316 ff; Merz, Elektronische Märkte im Internet, Bonn 1996.
3 Zerdick/Picot u.a. (Fn. 1), S. 15.
4 Kirchner, Ökonomische Theorie des Rechts, Berlin/New York 1997, S. 7.
5 Zerdick/Picot u.a. (Fn. 1), S. 144.

Juristisch kann dies Auswirkungen auf die Frage haben, ob und wann der Zugang oder der Widerruf einer Willenserklärung vorliegt.

1.2.3. *Senkung der Transaktionskosten*

Die Höhe der Transaktionskosten beeinflußt Marktprozesse entscheidend: Informationen, die in Echtzeit angeboten, gefunden, verwendet werden können, senken die Transaktionskosten, sorgen für Markttransparenz und werden deshalb von rational handelnden Unternehmen und Verbrauchern bevorzugt.
Wenn man ökonomisch sinnvolles Handeln auch juristisch nicht als illegitim ansieht, dann dürfen Rechtsnormen rationales Handeln nicht ausschließen. Deshalb betrifft der Faktor »Senkung der Transaktionskosten« die Angemessenheit der Vertragsabschlußregeln insgesamt. Hemmende Rechtsvorschriften zum Vertragsabschluß dürfen dann auf Dauer wenig Überlebenschancen haben.
Nach der jüngsten Repräsentativumfrage unter 914 hauptsächlich deutschen Groß- und mittelgroßen Unternehmen im Jahr 1998 hielten knapp 70% aller Befragten rechtliche Aspekte für ungeklärt und sahen sie als Hemmnisse für elektronische Geschäftsbeziehungen an[6]. Diese Ergebnisse deuten im Vergleich zu früheren Umfragen[7] eher auf ein Anwachsen der rechtlichen Schwierigkeiten hin[8].

1.2.4. *Möglichkeit multimedialer Angebotsformen*

INTERNET-Informationen erscheinen als Text, Bild, Grafik, Audio oder Video und werden durch einfache Signale (Mausklick) verfügbar gemacht. Verträge beruhen bisher auf mündlichen oder schriftlichen Vereinbarungen, oft unter Einschaltung dritter Personen und unter Berücksichtigung objektbezogener Besonderheiten (Grundstückskauf; Bürgschaft; Urheberlizenzvertrag). Kann ein Mausklick jedweden Vertrag elektronisch zum Entstehen bringen?

2. *Schwerpunkte der Beiträge von Anderson, Nimmer und Poullet*

Die vorgelegten Beiträge greifen viele Probleme der elektronischen Vertragsabschlüsse auf, haben jedoch deutlich unterschiedliche Schwerpunkte.

6 Vgl. Electronic Commerce Enquête, Universität Freiburg (IIG)/Gemini Consulting GmbH, Computerzeitung 1998, S. 12.
7 Vgl. Kilian/Picot, Electronic Data Interchange – EDI, Baden-Baden 1994, S. 109.
8 Vgl. Kilian/Picot (Fn. 7), S. 216.

2.1. *Anderson*

Anderson rückt in seinem Beitrag »Electronic Commerce – a Challenge to Private Law« weniger die Behandlung der Rechtsfragen in Dänemark, sondern die Unidroit Prinzipien sowie das UNCITRAL-Modellgesetz zum elektronischen Geschäftsverkehr in den Mittelpunkt. Beide »Soft-law«-Materialien behandeln ausschließlich Unternehmenstransaktionen.
Schon zu Beginn seines Beitrags macht Anderson deutlich, daß die Regulierung des elektronischen Geschäftsverkehrs nur zum Teil durch Verträge und Gesetze erfolgen können und in hohem Maß von technischen Standards abhingen. Dies weist er anhand des Konzepts der digitalen Signatur nach.
Nachdruck wird auf die – auch in allen übrigen Referaten auftauchende – Frage gelegt, ob eine vertragliche Verpflichtung auch ohne unmittelbare Zustimmung einer Person durch Computer getroffen werden könne. Diese Frage hat in der Tat Auswirkungen auf die Behandlung von Programmierfehlern oder auf den Widerruf von Erklärungen. Anderson löst das Problem mit dem Hinweis auf die Notwendigkeit von Vorabsprachen zwischen den Parteien, wie ein Vertrag geschlossen werden solle. Diese Situation trifft allerdings nur auf sogenannte EDI-Rahmenverträge zu, nicht jedoch auf die üblichen electronic-shopping-Verträge. Auf weitere von ihm angeschnittene Probleme werde ich im Zusammenhang eingehen.

2.2. *Nimmer*

Der Beitrag von Nimmer spiegelt die längere Erfahrung im technischen Umgang mit dem INTERNET in den U.S.A. wider. Eine große Zahl von Fachveröffentlichungen, Gerichtsentscheidungen, Richtlinien und rechtlichen Formulierungsmodellen (restatements) bezieht sich dort auf elektronische Vertragsabschlüsse. Nimmer hebt folgende vier Problemkreise hervor:

1. Unterscheidet sich das Verfahren, wenn Verträge durch elektronische Zustimmung (assent) von Individuen oder durch elektronische Agenten geschlossen werden?
2. Wie lassen sich Vertragsbedingungen im INTERNET einbringen und durchsetzen?
3. Wann kann ein elektronischer Vertrag bei Irrtum oder Betrug rückgängig gemacht werden?
4. Wem wird bei anonymen (anonymus) Transaktionen ein Vertrag zugeordnet, wenn kein Rahmenvertrag besteht oder wenn Verschlüsselungsverfahren eingesetzt werden?

2.3. *Poullet*

Der Beitrag von Poullet widmet sich weniger der Frage, wie das belgische Recht Vertragsabschlüsse im INTERNET behandelt, als den allgemeinen Querschnittsfragen, ob computerunterstützte Verträge rechtlich bindend sind und wie der Verbraucherschutz im INTERNET berücksichtigt werden kann.
Zum belgischen Recht hebt Poullet die Entscheidung des höchsten belgischen Gerichts über die Folgen eines Programmierfehlers für die Wirksamkeit des elektronischen Vertrages hervor[9]. Es ging dabei um die Voraussetzungen der Verbindlichkeit des Vertragsabschlusses trotz entgegenstehenden Willens. Aus dieser Entscheidung, der sich Poullet anschließt, läßt sich zumindest indirekt die grundsätzliche Wirksamkeit elektronischer Vertragsabschlüsse ableiten, somit das äußere Erscheinungsbild und die legitimen Erwartungen der Beteiligten auf das Vorliegen einer Vereinbarung schließen lassen.
Zum Verbraucherschutz bei elektronischen Transaktionen analysiert Poullet die einschlägigen EG-Richtlinien.
Ich möchte in meinem Referat versuchen, vom klassischen Modell eines Vertragsabschlusses durch Angebot und Annahme einer Leistung ausgehend unter Einbeziehung von Überlegungen der Mitreferenten den Informations- und Entscheidungsprozeß zu analysieren und juristisch zu bewerten, der einem elektronischen Vertragsschluß zugrundeliegt.

3. *Klassisches Modell des Vertragsabschlusses*

Die rechtlichen Regeln über das Zustandekommen eines Vertrages bilden in Deutschland und weithin innerhalb der vom ehemaligen Römischen Recht beeinflußten Rechtskreise das Kernstück der Rechtsgeschäftslehre. Die Regeln sind das Ergebnis der Pandektenwissenschaft im 18. und 19. Jahrhundert und haben ihre klassische Ausprägung durch das Preußische Allgemeine Landrecht und vor allem durch Savigny[10] gefunden. Savigny sah die Erklärung des Willens als maßgeblich für eine schuldrechtliche Verpflichtung (iusta causa) und für einen Vertragsschluß (obligatio) an. Savigny forderte allerdings ein äußeres Zeichen, wodurch sich der Wille offenbart. Dieses Zeichen bildete für ihn die sogenannte »Erklärung«[11]. An die unzweideutige Offenbarung des Willens durch eine Erklärung wurde in der Folgezeit für einen Vertragsab-

9 Cass. B 20 june 1998 Pas. 1998, I, 1256.
10 System des heutigen Römischen Rechts, Bd. III.
11 System III, S. 258.

schluß angeknüpft[12]. Das insoweit unverändert gebliebene Bürgerliche Gesetzbuch verlangt deshalb bis heute »mündliche« oder »schriftliche« Willenserklärungen, die gegenüber »Anwesenden« oder »Abwesenden« persönlich oder durch »Vertreter« »abgegeben« und nach »Zugang« bindend werden; schriftliche Erklärungen können im »Original« oder in Form einer »Abschrift«, einer »Kopie« oder einer »Urkunde« mit oder ohne »Unterschrift« erfolgen. Die Festlegung des technischen Ablaufs der Ausübung der Privatautonomie von Privatrechtssubjekten enthält zugleich das Konzept der physischen oder psychischen kommunikativen Kompetenz[13] des einzelnen. Insgesamt spiegelt das Kommunikationsmodell des BGB aber auch den Stand der Verkehrs- und Nachrichtentechnik gegen Ende des 19. Jahrhunderts wider.

Im angloamerikanischen Recht wird das »Vertrauen« als Element des Vertragsabschlusses viel stärker betont als im kontinentaleuropäischen Recht. Nach deutschem Recht spielt Vertrauen in die Kommunikation hauptsächlich bei der Auslegung eines bereits geschlossenen Vertrages eine Rolle (§§ 138, 157 BGB) Allerdings entwickeln sich auch bei uns mit der culpa in contrahendo, der Prospekthaftung, der Berufshaftung oder der Haftung für verweigerte Verträge parallele Strukturen. Kramer[14] führt einen Vertragsschluß nicht nur auf die Konvergenz von Wille und Erklärung, sondern auch auf einen durch die Kriterien »Verantwortlichkeit« und »Vertrauen« begründeten »normativen Konsens« zurück.

Zu fragen ist für alle diese Rechtsordnungen, ob die Entpersonifizierung und Entmaterialisierung der Kommunikationsabläufe einen Paradigmenwechsel in der Rechtsdogmatik bedingen oder ob es lediglich um eine Modernisierung des alten Kommunikationsmodells unter dem Gesichtspunkt der funktionalen Äquivalenz geht.

Das Vertragsabschlußverfahren war schon immer eng mit dem Stand der Verkehrs- und Nachrichtentechnik verbunden. Ursprünglich begleitete der Kaufmann seine Ware bis zum Empfänger, die Verträge wurden zwischen Kaufleuten auf Präsenzmärkten persönlich abgeschlossen. Mit dem Fernhandel kam die Schriftlichkeit der Verträge und die Vertretung des Kaufmannes durch Mitarbeiter auf[15]. Mündlichkeit, Handschlag und Gelöbnisse bei der Eingehung der Verträge wurden daraufhin zunehmend durch Schriftlichkeit, Unterschriften und Siegel verdrängt. Das Telefon brachte dann im 19. Jahrhundert die Möglichkeit der persönlichen Kommunikation ohne gleichzeitige Anwesenheit. Verträge konnten fernmündlich geschlossen und auf Wunsch

12 RGZ 111, 316 (317); 138, 52 (54); Flume, Allgemeiner Teil des Bürgerlichen Rechts Bd. II, 2.1. Berlin/Heidelberg/New York 1975, S. 30 ff.
13 Dazu: Podlech/Pfeifer, RDV 1998, 133 (143).
14 Zur Theorie und Politik des Privat- und Wirtschaftsrechts, München/Wien 1997, S. 64.
15 Vgl. Lutz, S. 45 f., 160f. m. Nachw.

schriftlich bestätigt werden. Der moderne Nachrichtenaustausch durch Computer erübrigt nunmehr auch den mündlichen Kontakt und die schriftliche Bestätigung. Computer können nämlich direkt miteinander kommunizieren, Nachrichten verschlüsseln, entschlüsseln, dokumentieren und durch Netze transportieren.

4. *Analyse des Vertragsabschlusses im INTERNET als Informations- und Entscheidungsprozeß*

4.1. *Anbahnungsphase*

Die Anbahnung eines Vertrages im INTERNET setzt einen adressierbaren Computer und eine INTERNET-Zugangsberechtigung (access-provider-Vertrag) voraus. Nur dann kann man elektronische Briefe empfangen und absenden und in Datenbanken nach bestimmten Informationen suchen. Der Zutritt zum elektronischen Markt muß also erkauft werden. Die Teilnehmer verfügen über einen überdurchschnittlichen Wissensstand, was die Zurechenbarkeit von Handlungen und technischen Abläufen erleichtert.
Die Informationssuche erfolgt mit Hilfe von Suchmaschinen systematisch und zielgerichtet. Klassischen Vermittlern (z. B. Handelsvertreter) kommt dabei keine Funktion zu[16]. Die Werbung erreicht alle Benutzer konkreter Abfragetechniken. Gezielte Werbemaßnahmen stützen sich meist auf Interessenprofile, die auf elektronischen Auswertungen des früheren Informationssuchverhaltens beruhen (»data mining«). Ungewollte Werbung kann durch technische Verhinderung elektronischer Auswertungen oder durch Filterprogramme reduziert werden.
Von der traditionellen Vertragsanbahnungsphase unterscheidet sich die INTERNET-Anbahnungsphase methodisch und inhaltlich: Personengebundenes Vertrauen liegt noch nicht vor, klassische Handelsmittler können nicht eingesetzt werden. Der Informationsverkehr läuft technisch strukturiert und zielgerichtet ab.
Soweit eine dauerhafte Interessenkoordination beabsichtigt ist, werden Rahmenvereinbarungen geschlossen, die künftige vertragliche Konkretisierungen im INTERNET ermöglichen sollen. Dazu gehören allgemeine Dienstleistungsverträge zur Bereitstellung einer technischen Infrastruktur (content provider-Verträge) oder Vorabsprachen über Ablauf und Gestaltung künftiger Kommunkationsbeziehungen eines festen Benutzerkreises (EDI-Rahmenver-

16 Zerdick/Picot u.a. (Fn. 1), S. 149.

träge)[17]. Bei Nichtabruf von Daten aus vereinbarten Netzen kann dann aufgrund dieser Vertragshierarchie beispielsweise der Zugang von Daten fingiert werden[18].

4.2. *Angebotsphase*

In allen Rechtsordnungen setzt ein Vertragsabschluß das Angebot einer Partei voraus. Dieses Angebot kann für Verträge, die das Medium INTERNET nutzen, in der Übersendung einer elektronischen Nachricht (e-mail) oder im Ausfüllen eines elektronischen Bestellformulars liegen, das mit einer Website verbunden ist. In beiden Fällen erklärt der Urheber des elektronischen Dokuments seinen Willen, einen Vertrag abschließen zu wollen. So hat das LG München in einem rechtskräftigen Urteil aus dem Jahre 1998 in der formularmäßigen Bestellung eines Versteigerungskatalogs, der auf der Webpage im INTERNET enthalten war, mit Recht eine Willenserklärung gesehen; die Bestellung des Katalogs erfolgte nach Einsetzen von Name und Adresse durch Bestätigung eines vorgesehenen Nachrichtenfeldes »Formular abschicken« per Mausklick online und elektronisch[19]. Die Steuerung der Übermittlung der Erklärung durch ein Computerprogramm stellt die Verbindung zwischen dem menschlichen Willen und der Erklärung her. Es ist üblich, daß dem Besteller daraufhin ohne Dazwischentreten einer weiteren menschlichen Handlung der Versteigerungskatalog zugesandt wird.

In der deutschen juristischen Fachliteratur will man weit überwiegend zwischen »elektronischen« oder »automatisierten« Willenserklärungen und »Computererklärungen« differenzieren, um das unterschiedliche Ausmaß der Beteiligung des Menschen oder des Computers an der Abgabe der Willenserklärung kenntlich zu machen[20]. Für die informationstechnisch am weitesten entwickelte Form – in Deutschland meist »Computererklärung« genannt – wird zum Teil bestritten, daß es sich um eine menschliche Willenserklärung handele[21] oder daß bei »vollelektronischer Durchführung« noch Platz sei für »rechtsgestaltende Akte«[22].

In den U.S.A. findet die parallele Diskussion unter dem technisch präziseren Stichwort »electronic agent« statt. Damit bezeichnet man ein Computerpro-

17 Kilian, Deutscher EDI-Rahmenvertrag, Echborn 1994; EG-Empfehlung einer EDI-Mustervereinbarung 94/820/EG ABlEG Nr. L 338/98.
18 OLG Köln NJW 1990, 1608.
19 LG München NJW 1999, 2127.
20 Nachw. bei Mehrings, Vertragsabschluß im Internet, in: Hoeren/Sieber, Handbuch Multimedia Recht, München 1999, Rn. 23 ff.; Seidel, Das Recht des elektronischen Geschäftsverkehrs, Braunschweig/Wiesbaden 1997, S. 95 ff.
21 Clemens, NJW 1985, 1998.
22 Möschel, AcP 186 (1986), S. 194; z.T. auch Kuhn, Rechtshandlungen, S. 57.

gramm, das ohne Hinzutreten einer menschlichen Handlung auf eine elektronische Nachricht reagieren kann[23]. Die technische Möglichkeit zu einer Computererklärung scheint in der Tat das Vorliegen einer menschlichen Willenserklärung auszuschließen. Das aber wäre eine falsche Schlußfolgerung. Zwar verfügt ein Computer nicht über menschliche Eigenschaften wie Verständnis, Liebe, Gefühle, Vernunft, wie wir seit der trefflichen Beschreibung des ELIZA-Programms von Joseph Weizenbaum[24] wissen. Der Computer als eine an sich dumme Maschine kann aber durch Anwendungsprogramme künstlich ziemlich intelligent gemacht werden, wie etwa medizinische Expertensysteme für die Stellung einer Diagnose zeigen. Aber selbst ein hochentwickeltes, lernfähiges Expertensystem kann nur innerhalb eines von Menschen durch die Wissensbank und logische Verknüpfungsregeln vorgegebenen Kontext operieren. Die potentiellen Reaktionen eines solchen Anwendungsprogramms werden durch Algorithmen festgelegt. Wer ein solches Computerprogramm verantwortlich nutzt, muß auch die möglichen Entscheidungsalternativen antizipieren.

Es geht also nicht darum, computerbasierten Geräten selbst die Eigenschaft zuzubilligen, Willenserklärungen abgeben zu können[25], sondern um die Frage, ob und wie das institutionelle Gesamtsystem aus Rahmenbedingungen und Durchführungstechnik insgesamt rechtsgeschäftliche Wirkung auslösen kann. Handlungswille und Erklärungsbewußtsein sind mit den institutionellen Vorkehrungen für die Aufnahme elektronischer Kommunikationsbeziehungen im Hinblick auf bestimmte Zwecke gegeben. Die Konkretisierung (der Rechtsbindungswille) wird durch Ausfüllung des vorab festgelegten Spielraums sichtbar. Dies reicht, um »Computererklärungen« als Akte privatautonomen Handelns und damit grundsätzlich als Willenserklärungen anerkennen zu können. In Art. 11 des UNCITRAL – Modellgesetzes für den elektronischen Geschäftsverkehr und in Abschnitt 206 des US-amerikanischen Uniform Computer Information Transaction Act[26] wird diese Konsequenz gezogen.

Ähnlich wie mit einer Blankettunterschrift unter ein Dokument erklärt sich derjenige, der die damit verbundenen Vorteile in Anspruch nimmt, mit den Ergebnissen des computergestützten Gesamtentscheidungsverfahrens einverstanden.[27] Rechtlich könnte man das Ergebnis auch unter dem Gesichtspunkt der Wissenszurechnung aus der Pflicht zur angemessenen Organisation

23 Vgl. Uniform Computer Information Transactions Act (Aug. 4, 1999) Sec. 102 (a)(28) UCC, http://www.law.upenn.edu/bll/ulc/ucita/cita10st.htm.
24 Die Macht der Computer und die Ohnmacht der Vernunft, Frankfurt 1977, S. 15 ff.
25 Ebenso: Redecker, NJW 1984, S. 2390; Rahn, Rechtshandlungen, S. 69 ff.
26 Stand: 4.8.1999.
27 Ähnlich: Brehm, Zur automatisierten Willenserklärung, in: Festschrift Hubert Niederländer, Heidelberg 1991, S. 235.

des Informationsflusses nach dem Rechtsgedanken des § 166 BGB begründen.[28]
Soweit Geschäftspartner das sogenannte web-EDI-Verfahren einsetzen, regeln die EDI-Rahmenverträge auch die Wirksamkeit elektronischer Angebote und standardisieren häufig auch die Art des Angebots (etwa: »Bestellung«; »Lieferabruf«). Rahmenverträge schaffen damit die institutionellen Arrangements für die Abgabe von Willenserklärungen.

4.2.1. *Angebot*

Bei der INTERNET-Kommunikation entsteht das Angebot zu einem Vertragsschluß in der durch eine e-mail oder durch eine website präsentierte, einem INTERNET-Teilnehmer zurechenbare computergesteuerte elektronische Nachricht, unter bestimmten Bedingungen elektronische Informationen schaffen, lizensieren oder übermitteln zu wollen. Soweit es sich nicht um informationelle Güter handelt (Computerprogramme; digitalisierte Musikwerke; Datenbankinformationen), wird die Übergabe in unkörperlicher Form versprochen.
Ob es sich bei der elektronisch präsentierten Nachricht um ein verbindliches Angebot i.S. des § 145 BGB oder lediglich um eine invitatio ad offerendum handelt, hängt vom objektiven Erklärungswert für den Erklärungsempfänger ab.[29] Die online-Abrufmöglichkeit von Daten aus einer Datenbank stellt stets das Angebot des Datenbankbetreibers zum Vertragsabschluß für diejenigen dar, denen durch einen Rahmenvertrag eine Abrufberechtigung eingeräumt worden ist. Auch wenn eine elektronische Nachricht zur Angabe der Kreditkartennummer oder zum Bezahlen mit Digitalgeld (»cyber money«) auffordert, handelt es sich um ein verbindliches Angebot.[30] Ein Anbieter hat es in der Hand, durch ausdrückliche Vorbehalte in der elektronischen Nachricht (etwa: Bonitätsprüfung; Klärung der Liefermöglichkeit) die Verbindlichkeit des Angebots aufzuschieben oder auszuschließen.

4.2.2. *Identifikation des Anbieters/Virtuelle Unternehmen*

Bei der persönlichen Kommunikation zwischen Vertragspartnern ist es durch Augenscheinseinnahme oder Urkunden unmittelbar leicht möglich, sich Informationen über die Identität des Anbieters und die Seriosität seines Angebots zu verschaffen. INTERNET-Anbieter treten physisch unsichtbar mit einem entmaterialisierten Angebot auf. Die territoriale Begrenzung des nationa-

28 Vgl. Richardi, AcP 169 (1969), 385 (403); Koller, JZ 1998, 75 (76; 85).
29 Vgl. Mehrings (Fn. 20), Rn. 57 ff.
30 A.A. Taupitz/Kritter, JuS 1999, 839 (841).

len Rechts, das Fehlen internationaler Regelungen für INTERNET-Anbieter, die Auflösung räumlicher und zeitlicher Gebundenheit für die wirtschaftliche Betätigung schaffen ideale Voraussetzungen für die Entstehung neuer Wertschöpfungsstrukturen in Form virtueller Unternehmen.

Im Gegensatz zu Briefkastenfirmen sind virtuelle Unternehmen real existierende Organisationen, die gezielt die neuen Möglichkeiten der Telekooperation ausnutzen und unterschiedliche Gestaltungsstrategien nutzen. Die virtuellen Unternehmen sind nirgendwo registriert, weltweit präsent, flexibel mit Geschäftspartnern vernetzt und sprechen mit einem konkreten Angebot viele Kunden gleichzeitig an. Die Kunden gewinnen den Eindruck einer exklusiven Bedienung.[31]

Das Angebot eines virtuellen Unternehmens ist für den Kunden nur scheinbar transparent, denn er tritt in Wahrheit einem Informationsnetz gegenüber. Andererseits sind auch virtuelle Unternehmen auf Vertrauen als konstituierendes Element des Vertrages angewiesen.

Die Reduktion von Ungewißheiten über das Angebot und den Anbieter kann mangels durchsetzbarer Rechtsregeln wohl nur durch Einschaltung vertrauenswürdiger Dritter erfolgen. Als solche kommen Zertifizierungsstellen in Betracht, durch deren Tätigkeit die Authentizität der Urheberschaft des Angebots festgestellt werden kann, oder Verbände, die Gütezeichen für die Qualität des Angebots verleihen. Derartige vertrauensbildende Rahmenbedingungen sind im INTERNET erforderlich, wie mehrere empirische Studien indirekt belegen:[32]

- Die U.S. Federal Trade Commission nahm im Jahre 1999 die Angebote von rund 200 online-Anbietern aus 18 Staaten unter die Lupe und stellte gravierende Mängel hinsichtlich wichtiger vertragsbezogener Informationen fest.
- Die deutsche Arbeitsgemeinschaft der Verbraucherverbände ermittelte in zwei Feldstudien über mehrere Tausend websites, daß besonders häufig die Adresse des Anbieters fehlt.
- Die weltweite Dachorganisation von 245 Verbraucherverbänden stellte bei Testkäufen bei 70 INTERNET-Unternehmen weltweit fest, daß von 150 bestellten Produkten trotz Vorausbezahlung elf nicht ankamen, acht mit einer Verspätung von über vier Wochen eintrafen und in vielen Fällen Zusatzkosten (Fracht; Zölle; Steuern) entstanden.

Nach deutschem Recht setzt die Registrierung eines Unternehmens voraus, daß der Sitz der geschäftlichen Tätigkeit feststeht. Die erwerbswirtschaftliche Betätigung eines ausländischen Unternehmens im Inland ohne Begründung zumindest einer Niederlassung im Inland ist in Deutschland nicht eintra-

31 Picot/Reichwald/Wigand, Die grenzenlose Unternehmung, 2. A., 1996, S. 392 f.
32 Vgl. Die Zeit, Nr. 34, 1999, S. 20.

gungspflichtig. Ob virtuelle Unternehmen im Ausland registriert sind, hängt davon ab, ob das Sitz- oder Gründungsstatut eingreift. Jedenfalls können virtuelle Unternehmen durch Einrichtung eines »elektronischen Briefkastens« leicht ihre Aktivitäten von Freihäfen aus entfalten. Dies erhöht – ökonomisch gesehen – die Transaktionskosten (Informationssuche; Rechtsberatung; Rechtsdurchsetzung) des Vertragspartners.

4.2.3. *Allgemeine Geschäftsbedingungen*

Soweit deutsches Recht anwendbar ist, muß der Verwender von Allgemeinen Geschäftsbedingungen den Kunden ausdrücklich auf die Allgemeinen Geschäftsbedingunen hinweisen und die Möglichkeit eröffnen, von den AGB in zumutbarer Weise vor dem Vertragsabschluß Kenntnis nehmen zu können. (§ 2 Abs. 1 Nr. 2 AGBG). Für Verbraucherverträge sieht Art. 9 der EG-Richtlinie über elektronische Geschäftsbeziehungen[33] eine vergleichbare Regelung vor.
Nach deutschem Recht wird bisher die schriftliche Übermittlung von Allgemeinen Geschäftsbedingungen vor oder bei Vertragsabschluß verlangt. Eine Anwendung dieses Grundsatzes auf INTERNET-Verträge würde die Vorteile der INTERNET-Kommunikation weitgehend beseitigen. Auch ein »Aushang« der Allgemeinen Geschäftsbedingungen am »Ort des Vertragsabschlusses« (§ 2 Abs. 1 Nr. 1 AGBG) kommt bei INTERNET-Verträgen nicht in Betracht. Virtuelle Aushänge an virtuellen Orten helfen realen INTERNET-Kunden nichts.

Eine gesetzliche Regelung im Umgang mit allgemeinen Geschäftsbedingungen besteht nach deutschem Recht im Spezialbereich der Telekommunikation. Nach §§ 23 Abs. 2 Nr. 1a AGBG, 28 Abs. 2 und 3 TKV 1998 werden die Allgemeinen Geschäftsbedingungen der Anbieter von Telekommunikationsdienstleistungen, die heute ausschließlich elektronisch erfolgen, dann Vertragsinhalt, wenn sie im Amtsblatt der Regulierungsbehörde für Telekommunikation und Post veröffentlicht und damit allgemein zugänglich gemacht worden sind. Es wird bei diesem Verfahren unterstellt, daß sich jeder Interessierte rechtzeitig informieren kann. An eine Erweiterung dieser Sonderregelung auf INTERNET-Anbieter, was technisch durch Gründung einer INTERNET Anbieter AGB-Datenbank verwirklicht werden könnte, ließe sich de lege lata denken. Wer mit INTERNET-Angeboten umzugehen weiß, wird auch eine AGB-Datenbank finden.

33 Richtlinie 2000/31/EG des Europäischen Parlaments und des Rates über bestimmte Aspekte des elektronischen Geschäftsverkehrs im Binnenmarkt vom 8.6.2000 ABlEG Nr. L 178/1 vom 17.7.2000.

Rechtlich zulässig dürfte aber auch folgendes technisches Verfahren der Kenntnisnahme sein, weil es funktional dem deutschen AGB-Gesetz entspricht: Der Anbieter übersendet per e-mail oder dokumentiert auf seiner website das Angebot und verweist darin durch einen Hyperlink auf seine Allgemeinen Geschäftsbedingungen. Durch einen Mausklick oder Tastendruck können die Allgemeinen Geschäftsbedingungen dann auf dem Bildschirm angezeigt und auch kopiert oder ausgedruckt werden[34].
Individuelle Nachfragen eines Kunden oder die Ablehnung einzelner Klauseln sind bei dieser Form der Kenntnisnahme und Einbeziehung freilich nicht möglich. Kaum praktikabel dürfte der Vorschlag von Poullet sein[35], Zusatzinformationen durch Vermittlung eines Dienstleisters (service providers) zu erlangen; solche Dienstleistungen sind ebenfalls standardisierte Massengeschäfte. Die Dienstleister besitzen außerdem keine Verhandlungsvollmacht der einzelnen INTERNET-Anbieter.
Die nach deutschem Recht neben der Kenntnisnahme *gesondert* erforderliche Einbeziehungsbestätigung der Allgemeinen Geschäftsbedingungen (vgl. § 11 Nr. 15b AGBG) kann technisch leicht durch einen zusätzlich weiteren Mausklick/Tastendruck zum Ausdruck kommen.
Bei Access Provider-Verträgen, die überhaupt erst den Zugang zum INTERNET eröffnen, ist es üblich und nicht zu beanstanden, daß die Allgemeinen Geschäftsbedingungen zunächst per CD-ROM dem Interessenten bekanntgemacht werden und ihre Annahme mit der Anmeldung als Kunde in einem geführten elektronischen Dialog unter Einsatz der CD-ROM erfolgt.

4.2.4. *Sicherheit des Angebots/Digitale Signatur*

Die Benutzung offener Netze wie das INTERNET für elektronische Transaktionen wird vom deutschen Gesetzgeber bereits mehrfach ausdrücklich zugelassen: Nach § 7 Abs. 1 S. 2 BörsG können Wertpapiere und Devisen elektronisch gehandelt werden; für Frachtgut darf nach § 422 Abs. 1 HGB die elektronische Bezahlung vereinbart werden und nach der neuen Datenerfassungs – und – übermittlungsverordnung[36] kann der Arbeitgeber die Arbeitnehmersozialdaten an die Sozialversicherungsträger über offene Netze weitergeben, »wenn geeignete kryptografische Verfahren angewandt werden«.
In offenen Netzen ist nicht gewährleistet, daß ein Angebot den Adressaten unverfälscht erreicht. Besonders zwischen ständigen Telekooperationspartnern sind Verfahren notwendig, um Erklärungen unter fremdem Namen oder Verfälschungen auszuschließen. Deshalb sind Verschlüsselungsverfahren ent-

34 OLG Köln CR 1998, 244 für Btx; Mehrings BB 1998, 2373; Köhler NJW 1998, 184 (188); Taupitz/Kritter, JuS 1999, 839 (844).
35 Seines Beitrags in diesem Heft, S.12.
36 DEÜV v. 10.2.1998 BGBl. I 1998, 343.

wickelt worden, die eine hohe Sicherheit hinsichtlich der Authentizität elektronischer Dokumente erlauben.
Solche Verschlüsselungsverfahren beruhen auf sogenannten digitalen Signaturen. Das sind keine elektronischen Unterschriften, sondern eher elektronische Siegel, die einen Text (Nachricht; Unterschrift) mit Hilfe eines kryptografischen Verfahrens umformen, so daß er während der Übermittlung nicht unerkannt verändert und nur von autorisierten Personen entschlüsselt werden kann. Der Umformungsprozeß, insbesondere das asymmetrische Kryptoverfahren, ist recht komplex organisiert. Es beruht auf Algorithmen (Schlüssel), die von einem neutralen Dritten (»trusted third party«) erzeugt und verwaltet werden. Der Dritte muß seinerseits von einer übergeordneten Instanz (»Wurzelzertifizierungsinstanz«) dazu ermächtigt worden sein[37]. Für die entsprechenden Dienstleistungen ist eine Sicherungsinfrastruktur erforderlich.
Technisch gesehen gewährleisten asymmetrische Verschlüsselungsverfahren eine höhere Sicherheit vor Mißbrauch und Verfälschungen als Papierdokumente. Zahlreiche Staaten, zuerst Südkorea[38] und zuletzt Deutschland[39], Italien[40] und Australien[41] haben Gesetze über die digitale Signatur erlassen. Eine entsprechende EG-Richtlinie ist in Kraft[42], und hat inzwischen zu einer Modifikation des deutschen Signaturgesetzes geführt. In Deutschland sind bereits seit Januar 1999 digitale Signaturen möglich, nachdem die Regulierungsbehörde für Telekommunikation und Post Zertifizierungsstellen genehmigt und überwacht sowie Prüfungen und Verifizierungen vornimmt[43].
Für den Abschluß von INTERNET-Verträgen kommt man künftig nicht mehr umhin, digitale Signaturen für Vertragsabschlüsse einzusetzen, um Fälschungen, Ausspionieren und die ungewollte Bildung von Verhaltensprofilen zu reduzieren. Die Änderungsvorschläge des Europäischen Parlaments aus dem Jahre 1999 zum Richtlinienentwurf über den elektronischen Geschäftsverkehr[44] betonen – worauf Poullet hinweist – daß die EG-Datenschutzrichtlinie »uneingeschränkt« zu beachten sei (Erwägungsgrund 6a) und die Mitgliedstaaten die Verwendung kryptografischer Methoden nicht »untersagen oder einschränken« dürfen (Erwägungsgrund 15).
Zivilrechtlich folgt daraus, daß beim Abschluß von INTERNET-Verträgen kryptografische Verfahren anzuwenden sind, die dem Stand der Technik ent-

37 Zum Verfahren: Sommer, in: Kilian/Heussen, Computerrechts-Handbuch, Kennziffer 152.
38 Vgl. EDI Law Review No. 2, 1995.
39 Art. 3 des IuKDG v. 22.7.1997, BGBl. I 1870.
40 Decreto del Presidente della Republica 10 novembre 1997 n. 513, Gazetta Ufficiale 13.3.1998 n. 60; engl. Übersetzung: http://www.aipa.it
41 Electronic Transaction Bill 1999, http://cwis.kub.nl/~frw/people/hof/ds-lawsu.htm#srce.
42 Richtlinie 1999/93/EG des Europäischen Parlaments und des Rates über gemeinsame Rahmenbedingungen für elektronische Signaturen ABlEG Nr. L 13/12 v. 19.1.2000.
43 Gramlich, CR 1999, 489 (495). Zur Haftung von Zertifizierungsstellen: Haas, Festschrift für Helmut Heinrichs, München 1998, 261-289.
44 Vgl. Fn. 33.

sprechen müssen. Das wären nach deutschem und europäischem Recht die sogenannten qualifizierten elektronischen Signaturen (Art. 5 Richtlinie 1999/31/EG). In solchen Fällen kann dann die Identität des Vertragspartners und die Authentizität der Erklärung widerlegbar vermutet werden[45].

4.3. *Zugangsphase*

Die Vorschriften über den Zugang einer Willenserklärung haben die Funktion, den Zeitpunkt der Kenntnisnahme des Adressaten zu bestimmen, die Bildung des Absenders eines Angebots herbeizuführen und die Reaktionszeit des Adressaten zu begrenzen.

Bei Willenserklärungen über das INTERNET fallen wegen der hohen Übermittlungsgeschwindigkeit Abgabe und Zugang ohne meßbare Zeitdifferenz zusammen. Unpassend ist deshalb die rechtliche Differenzierung zwischen Antrag unter Anwesenden (§ 147 Abs. 1 BGB), der nur sofort angenommen werden kann (§ 147 Abs. 1 S. 1 BGB), und einem Antrag unter Abwesenden, bei dem die Annahmefrist von den Umständen abhängt (§ 147 Abs. 1 S. 2 BGB). Unter dem Gesichtspunkt der Kenntnisnahmemöglichkeit handelt es sich bei der automatisierten Willenserklärung um eine Erklärung unter Anwesenden, unter dem Gesichtspunkt der personalen Kommunikation um eine Erklärung unter Abwesenden. Ebenso unbrauchbar ist der Gesichtspunkt der »regelmäßigen Beförderung« der Annahmeerklärung (§ 149 BGB) als Kriterium für die Annahme einer Verspätung der Erklärung und Bewertung als neues Vertragsangebot (§ 150 Abs. 1 BGB).

Der Zugang einer Willenserklärung, von dem ihr Wirksamwerden abhängt, setzt in jedem Fall die Möglichkeit voraus, von der Willenserklärung Kenntnis nehmen zu können. Früher war dies an räumliche Verhältnisse gebunden, die Inbesitznahme diente als Indiz. In einer Bundesgerichtshofentscheidung aus dem Jahre 1976[46] wird an räumliche Vorstellungen angeknüpft: Die Niederlegung eines Schreibens bei der Post und die Benachrichtigung von der Niederlegung galt noch nicht als Zugang. Dies ist im Rahmen elektronischer Kommunikation überholt: Elektronische Briefkästen sind räumlich gar nicht existent, sie können sich irgendwo in einem Verbundnetz auf einem anderen Kontinent befinden und können dennoch jederzeit vom Zugangsberechtigten geöffnet werden. Deshalb ist nach Grundgedanken des § 130 BGB für den Zugang elektronischer Willenserklärungen darauf abzustellen, daß der Empfänger unter normalen Umständen von dem Inhalt Kenntnis nehmen oder direkt reagieren kann. Auf eine räumliche Fixierung oder geographische Entfernung kommt es nicht an. Zugegangen ist eine elektronische Willenserklärung also

45 Ähnlich: UNICITRAL-Modellgesetz.
46 BGHZ 67, 271 (275).

grundsätzlich dann, wenn nach den getroffenen Vorkehrungen für die Kommunikationsverbindung die Möglichkeit der jederzeitigen Kenntnisnahme oder Reaktion besteht. Dies gilt für eine Computer zu Computer-Kommunikation (Websites) ebenso wie bei der Zwischenschaltung der Mailbox eines Dienstleistungsunternehmen. Die Willenserklärung hat den Empfangs- und Risikobereich des Adressaten erreicht, der die Erklärung zwischenspeichern, auswerten oder weiterverarbeiten kann.
Auch Willenserklärungen, die im Rahmen eines automatisierten Abrufverfahrens abgegeben werden, unterliegen denselben Grundsätzen. Die Rollen des Absenders und des Empfängers einer Willenserklärung erscheinen nur oberflächlicher Betrachtung vertauscht. In Wirklichkeit gibt der in einer Datenbank Abfragende kein Angebot ab, sondern ist Empfänger eines von ihm zwar generierten, aber vom Datenbankbetreibenden nach der Rahmenvereinbarung vorkonstruierten Angebots.
Nicht nur das automatisierte Abrufverfahren wirft die Frage auf, wie denn die Tatsache und der Zeitpunkt des Zugangs einer elektronischen Willenserklärung bestimmt werden können. Als physikalische Abläufe sind die Vorgänge der Übermittlung oder der Abfrage nicht unmittelbar, sondern nur mittelbar über eine mitlaufende Dokumentation nachzuweisen. Die mitlaufende Dokumentation beim Absender einer Willenserklärung hält jedoch nur den Zeitpunkt und die Tatsache der Absendung, nicht aber die Tatsache des Zugangs fest. Da bei der elektronischen Übermittlung technische Fehler auftreten können, ist beweisrechtlich sehr zu empfehlen, daß der Zugang vertraglich erst dann als erfolgt gilt, wenn eine automatische Rückbestätigung des Computers der Empfangseinrichtung an den Computer der Sendeeinrichtung eingetroffen ist. Nach § 8 des Deutschen EDI-Rahmenvertrages wird der Zugang entsprechend geregelt. Nach Art. 5.2. der Empfehlung eines EG-Rahmenvertrages ist für den Zugang keine Rückbestätigung erforderlich. Eine Rückbestätigung dient dem Verkehrsschutz bei der INTERNET-Kommunikation, denn die Rückbestätigung beseitigt die Möglichkeit zu behaupten, die Willenserklärung sei nicht zugegangen (§ 144 BGB analog) als auch die Möglichkeit, die Willenserklärung vor dem Zugang zu widerrufen (§ 130 Abs. 1 S. 2 BGB).
Der Bundesgerichtshof mußte in einer Entscheidung vom 7.12.1994[47] über den Zugang eines Telefaxschreibens entscheiden. Der Absender hatte durch einen Zeugen sowie durch den »ok«-Vermerk im automatisch erstellten Sendebericht den Nachweis des Zugangs der Erklärung zu erbringen versucht. Der Bundesgerichtshof lehnte dies sowohl als Urkunds- als auch als Augenscheinsbeweis ab. Der Sendebericht zeige lediglich die Herstellung der Verbindung zwischen Sende- und Empfangsgerät an. Leitungsstörungen und Papierstau in der Empfangsanlage seien möglich, und dafür trage der Absen-

47 CR 1995, S. 156.

der das Risiko. Andererseits gilt ein Schriftsatz per Fax als zugegangen, wenn sein Inhalt anderweitig ermittelbar ist[48].
Sind sogenannte Teledienste eingeschaltet, ist die Willenserklärung dem Empfänger zugegangen, wenn sie in die Mailbox des Teledienstes des Empfängers gelangt und eine entsprechende Rückbestätigung erfolgt ist (§ 278 BGB). Geht eine Willenserklärung außerhalb der Geschäftszeiten des Teledienstes oder des sonstigen Empfängers zu, dann kann zwar eine Rückbestätigung erfolgen, jedoch normalerweise keine darauf bezogene tatsächliche Handlung. Deshalb ist bei elektronischen Kommunikationsbeziehungen, die zeitlich ununterbrochen erfolgen können, von einem fiktiven Zugang nur innerhalb der vorher bekanntgegebenen Geschäftszeiten auszugehen. Dies muß allerdings vorher vertraglich vereinbart werden[49].
Schließlich kann der Zugang einer Willenserklärung über das INTERNET davon abhängen, ob ein access provider das Kontrahieren mit unseriösen Anbietern durch Sperrung der Kommunikation für bestimmte Schlagwörter unterbindet. Dazu ist ein access provider etwa bei bekannten pornographischen Angeboten sowohl nach § 5 Abs. 4 TDG als auch nach den jeweiligen Allgemeinen Geschäftsbedingungen verpflichtet[50]. Entsprechende Willenserklärungen können zwar abgegeben werden, dürfen aber nicht zugehen.

4.4. *Annahmephase*

Bei elektronischen Angeboten hängt die Annahme einer Willenserklärung von den »regelmäßigen Umständen« der Kenntnisnahmebedingungen (vgl. § 147 Abs. 2 BGB) und nicht von der Frage ab, ob ein Angebot unter »Anwesenden« oder »Abwesenden« vorliegt. Unternehmen mit 24-Stunden Betriebsbereitschaft und INTERNET-Kommunikation müssen die Annahme »sofort« erklären. Verbrauchern mit e-mail-»Kommunikation« ist es dagegen nicht zuzumuten, ständig die mailbox zu leeren. Es sind also differenzierende Regelungen nach den organisatorischen Verhältnissen der jeweiligen Kommunikationspartner erforderlich. Stillschweigende oder konkludente Annahmeerklärungen kommen bei elektronischer Kommunikation ohne besondere Vorabsprachen nicht in Betracht, weil dann noch nicht einmal ein äußeres Zeichen für das Vorliegen einer Willenserklärung spricht.
Für Verbraucherverträge sieht die EG-Richtlinie über den elektronischen Geschäftsverkehr in Art. 11 Nr. 1 vor, daß der Diensteanbieter die Annahmeerklärung des Verbrauchers elektronisch rückbestätigen muß. Ziel der Vor-

48 BGH NJW 1994, S. 1881.
49 Vgl. etwa § 8 Abs. 4 des Deutschen EDI-Rahmenvertrages (Fn. 17).
50 OLG Frankfurt CR 1398, 96.

schrift ist es, eine vollständige, in Kenntnis der Umstände zustande gekommene Einigung der Parteien sicherzustellen (Art. 10 Nr. 2 des Richtlinienentwurfs). Nichts spricht dagegen, ein solches Verfahren aus Beweisgründen auch für Unternehmensverträge zu empfehlen.

4.4.1. *Schriftform*

»Jeder gesetzliche Formzwang stellt eine Erschwerung des Abschlusses von Verträgen dar.«[51] In den U.S.A. unterliegen alle Geschäfte über 500,– Dollar Gegenstandswert, in Deutschland einige als wichtig angesehene Geschäfte, die meisten Verbraucherkreditgeschäfte über DM 400,– (§ 3 Abs. 1 Nr. 1 VerbrKrG) sowie insbesondere die Erteilung einer Quittung (§ 368 S. 1 BGB) der Schriftform. Die Schriftform erfordert die eigenhändige Unterschrift unter eine (schriftliche) Urkunde des Erklärenden (§ 126 BGB). Eine Unterschrift oberhalb des Textes (»Oberschrift«) ist keine »Unterschrift«, sagt der Bundesgerichtshof[52]. Die Echtheit der Urkunde steht damit auf dem Spiel. Auch die Datenverarbeitung – so der Bundesgerichtshof – kann »kein hinreichender Grund sein, eine klare, auf wohl erwogenden Gründen beruhende und bewährte gesetzliche Beweisregelung zu ändern«[53]. Der 11. Senat des Bundesgerichtshof hat dem Gemeinsamen Senat der Obersten Gerichtshöfe des Bundes (GMS) im Jahre 1998 die Frage vorgelegt, ob die Übermittlung eines Schriftsatzes in Form einer Datei oder einer e-mail das Schriftformerfordernis erfüllt[54]. Der vorlegende Senat hält ein Tätigwerden des Gesetzgebers für erforderlich, um »in Abstimmung mit den beteiligten Wirtschaftskreisen auf supranationaler Ebene« Regelungen zu schaffen[55].

Sowohl Vorschriften über die Schriftlichkeit einer Erklärung als auch über die handschriftliche Unterschrift unter der Erklärung stehen der elektronischen Kommunikation entgegen. Beide Anforderungen beruhen auf dem Modell der papiergebundenen Kommunikation. Der Gesetzgeber hat erst in Einzelfällen dem Wandel der Kommunikationstechnik und dem Entstehen elektronischer Märkte Rechnung getragen: Faksimilierte Unterschriften auf Papier werden in bestimmten Fällen anerkannt (etwa in §§ 793 Abs. 2 S. 2 BGB; 13 Abs. 1 AktG; 426 Abs. 2 Nr. 9 HGB; 3 Abs. 1 S. 2 und 39 Abs. 1 S. 1 VVG). Nach § 2 Abs. 1 WpHG gilt auch ein Wertpapier unabhängig von der Materialisierung als Urkunde, soweit für das Wertpapier ein öffentlich zugänglicher

51 BGHZ 136, 357 (367).
52 BGHZ 113, 48 (52).
53 BGHZ 113, 48 (52).
54 BGH CR 1999, 144 (145).
55 BGH CR 1999, 144 (145). – Der GMS hat inzwischen bei einer durch Fax übermittelten Textdatei mit eingescannter Unterschrift die Schriftform per Richterrecht als erfüllt angesehen (Beschluß v. 5.4.2000 RDV 2000, 217).

Markt besteht. Börsengeschäfte dürfen elektronisch abgeschlossen werden (§ 7 Abs. 1 S. 2 BörsG)[56].
Der Gesetzgeber hat bisher aber darauf verzichtet etwa mit dem Signaturgesetz ein elektronisch signiertes Dokument der Schriftform gleichzustellen. Der Entwurf eines Gesetzes zur Anpassung der Formvorschriften des Privatrechts und anderer Vorschriften an den modernen Rechtsgeschäftsverkehr[57], sieht jedoch eine neue »elektronische Form« als Option zur Schriftform vor (§ 126a BGB), die eine qualifizierte elektronische Signatur nach dem Signaturgesetz voraussetzt. Unternehmen in Deutschland können deshalb beweisrechtlich Probleme bei elektronischen Transaktionen derzeit nur dadurch beheben, daß sie die elektronischen Dokumente zusätzlich als Papierdokumente austauschen, oder in einem Schiedsvertrag vereinbaren, elektronischen Dokumenten den gleichen Beweiswert wie Papierdokumenten zubilligen zu wollen. Zumindestens die Doppelabsicherung der elektronischen Kommunikation durch Papierdokumente ist auf die Dauer nicht haltbar, weil sie die Transaktionskosten erhöht.

4.4.2. *Identifikation des Annehmenden*

Zur Identifikation des Annehmenden bei INTERNET-Transaktionen fehlt dem Anbieter die Möglichkeit, sich unmittelbar von der Person zu überzeugen. Auch der Nachweis einer etwaigen Bevollmächtigung durch Vollmachtsurkunde (§ 172 BGB) ist nicht möglich. Eine Identifikation kann aber indirekt über die Adresse des benutzten Computers sowie durch zusätzliche Sicherungsmittel (Passwort; Transaktionsnummer; Chipkarte) erfolgen, was aber zuvor vereinbart werden muß. Auf diese Weise werden heute INTERNET-Finanztransaktionen und Wertpapiergeschäfte problemlos abgewickelt. Das LG Hamburg[58] hält sogar Vertragsabschlüsse im Wege öffentlicher Versteigerungen (§ 156 S. 1 BGB) im INTERNET trotz Nutzung eines virtuellen Raumes und trotz fehlender Präsenz der Bieter für zulässig, da die räumliche, zeitliche und personenmäßige Begrenzung keine Wirksamkeitsvoraussetzung einer Versteigerung darstellt.
Allgemein wird erwartet, daß künftig digitale Signaturen auf Chipkarten gespeichert, vom Computer eingelesen und übermittelt werden, um die Identifikation und Authentifikation eines INTERNET-Teilnehmers durchzuführen. Die beweisrechtliche Absicherung des Verfahrens steht noch aus.

56 Für Devisengeschäfte ebenso: EuGH Rs. C. – 172/96 v. 14.7.1998 Commissioners of Customs & Excise/First National Bank of Chicago.
57 Stand: 6.9.2000. – Zum Diskussionsstand: Geis NJW 1997, 3000 (3002); Roßnagel, DuD 1997, 287; Taupitz/Kritter, JuS 1999, 839 (845).
58 K&R 1999, 424.

4.5. *Rückabwicklungsphase*

4.5.1. *Widerruf*

Da eine Willenserklärung mit der Abgabe, spätestens aber mit dem Zugang wirksam wird (§ 130 BGB) und im INTERNET beide Zeitpunkte nahezu zusammenfallen, wird es nie gelingen, eine elektronisch abgegebene Willenserklärung zu widerrufen. Die Vorschrift läuft für INTERNET-Erklärungen deshalb leer. Eine außerordentliche Widerrufsmöglichkeit besteht dennoch bei Verbraucherverträgen nach der EG-Richtlinie über den Fernabsatz[59], die INTERNET-Vertragsabschlüsse – etwa das elektronische Einkaufen – umfaßt und die dem Verbraucher grundsätzlich innerhalb von sieben Werktagen (Art. 6 Abs. 1) ein Widerrufsrecht zubilligt.

4.5.2. *Anfechtung*

Eine Anfechtung elektronischer Willenserklärungen im INTERNET nach §§ 119, 123 BGB ist theoretisch denkbar, aber praktisch nahezu ausgeschlossen. Die Vorschriften des klassischen Modells des Vertragsabschlusses knüpfen an die Abgabe der Willenserklärung an. Bei elektronischer Kommunikation ist der Inhalt der Willenserklärung aber bereits vorprogrammiert[60] Vertragsbeziehungen auf der Grundlage programmierter websites haben die Vermutung der Richtigkeit der enthaltenen Angaben für sich und erzeugen entsprechendes Vertrauen beim Adressaten. Elektronische Angebote sind regelmäßig vorstrukturiert und für die Annahme über einen geführten Dialog (Checklisten) lediglich anzuklicken. Vor dem Absenden einer Bestellung ist zudem meist ein zweiter Handlungsakt (Mausklick) erforderlich, der zum vorherigen Überlegen zwingt. Das in den Handlungsablauf gesetzte Vertrauen kann deshalb mit der Behauptung des Vorliegens eines Erklärungsirrtums kaum erschüttert werden. Wenn überhaupt, dann dürften Erklärungsirrtümer am ehesten in der e-mail-Kommunikation vorkommen.

Auch Anfechtungen wegen fehlerhafter Übermittlung durch einen privaten Netzbetreiber (»Anstalt« i. S. des § 120 BGB) haben nur theoretische Bedeutung, da die international genormten Sendetechniken (Protokolle) die zuverlässige Übermittlung einer Nachricht gewährleisten.

In Deutschland ist bisher noch kein Fall der erfolgreichen Anfechtung einer über das INTERNET abgegebenen Willenserklärung nach §§ 119, 123 BGB bekanntgeworden.

59 Vgl. zur Fernabsatzrichtlinie: Grundmann, Europäisches Schuldvertragsrecht, Berlin/New York 1999, S. 224 ff.

60 Vgl. Brehm (Fn. 27), S. 242.

Eine Anfechtung wegen arglistiger Täuschung (§ 123 Abs. 1 BGB) kommt bei bewußten Falschangaben über Qualitätseigenschaften eines über das INTERNET bestellten Gutes in Betracht. Es ist zu hoffen, daß Qualitätsangaben für informationelle Güter künftig durch technische Standards und Gütezeichen objektiviert werden.

5. *Informationelles Modell des Vertragsabschlusses*

Die klassischen Modellvorstellung über den Vertragsabschluß als zielgerichteter Konsens zwischen Rechtssubjekten behält auch für INTERNET-Verträge ihre Gültigkeit. Die klassische Modellvorstellung muß jedoch aufgrund der informationstechnisch bedingten Besonderheiten der Form des Kommunikationsverfahrens unter verschiedenen Gesichtspunkten ergänzt werden.

5.1. *Sichere und vertrauensvolle Kommunikation*

Für elektronische Vertragsabschlüsse haben Rechtsvorschriften über die Erklärung des Willens keinen sinnvollen Regelungsgehalt, soweit sie an die Gesichtspunkte Zeit, Raum, Ausdrucksform, Transportweg, Materialisierung, Vertretung oder Beweiskraft in bisheriger Form anknüpfen. Um die Unsicherheit über die Geltung und Wirkung elektronischer Vertragsabschlüsse zu reduzieren, sind neue Rahmenbedingungen für die mit einem INTERNET-Vertragsabschluß notwendig verknüpften äußeren Handlungsakte erforderlich. Ihr Hauptzweck hat darin zu bestehen, typisiertes Vertrauen in die Zuverlässigkeit (Reliabilität) und Gültigkeit (Validität) der digitalen Kommunikation zwischen identifizierbaren Rechtssubjekten zu schaffen.[61] Für das INTERNET kann Vertrauen nicht durch persönliche Kenntnisse und persönliche Beziehungen, sondern nur durch Aufbau einer technischen Infrastruktur und darauf bezogene Rechtsvorschriften geschaffen werden. Ziel der Rechtsvorschriften muß es sein, bedrohte Rechtsgüter (Sicherheit der Kommunikation; Abwehr von Eigentums- und Persönlichkeitsbeeinträchtigungen) zu schützen und eine funktionale Äquivalenz zwischen personalem und digitalem Vertrauen herzustellen. Das digitale Vertrauen übernimmt als »Institution« im ökonomischen Sinn dann die Ersatzfunktion für das nicht mehr erfahrbare personale Vertrauen und reduziert dadurch die Transaktionskosten für die Beschaffung von Zusatzinformationen.

61 Vgl. zur Prospekthaftung: BGHZ 83, 222 (224).

Der von Möschel[62] in vergleichbarem Zusammenhang verwendete Begriff »Enthumanisierung« ist mißverständlich. Weder wird im INTERNET der Mensch oder die Notwendigkeit seiner Willensentscheidung verdrängt, noch ist die digitalisierte Kommunikation »unmenschlich«. Allerdings verändert sich die Rolle des Menschen mit den von ihm für die Kommunikation des Willens eingesetzten Instrumenten und Medien.
Die auf Kant und Savigny zurückgehende Trennung von »Willen« und »Vertrauen« ist aufgrund der Rationalisierung, Formalisierung und Standardisierung der Erklärungskomponente für einen Vertragsschluß im INTERNET aufzuheben. Im INTERNET kann nur der »Mausklick« oder »Tastendruck« auf Computer-Peripheriegeräten als handlungsmäßig begründete Vertrauensbasis für die Erklärung des Willens dienen. Die Verbindlichkeit dieser Handlung läßt sich aber nur dann rechtfertigen, wenn organisatorisch-technische Regelungen, die den Stand der Technik inkorporieren müssen, für die Zuverlässigkeit der Infrastruktur der computergestützten Kommunikation bestehen. Daran können dann sonstige Rechtsvorschriften anknüpfen.
Im klassischen Römischen Recht konnte das wichtigste Rechtsgeschäft, die emptio venditio (Kaufvertrag) ohne schriftliche Bestätigung oder Unterschrift aufgrund der Willensübereinstimmung, aber nur zusammen mit der »bona fides« als Verpflichtungsgrund geschlossen werden[63]. Diese »bona fides« (Vertrauen; Redlichkeit) muß für den INTERNET-Vertragsabschluß durch Schaffung rechtlicher Rahmenbedingungen für die Wirksamkeit des »Mausklicks« erst noch entstehen.

5.2. *Regelungsgesichtspunkte*

Eine angemessene technische Infrastruktur und darauf bezogene Rechtsvorschriften muß privatautonomes Handeln unterstützen und darf keine Techniksteuerung, sondern nur eine Technikfolgensteuerung bewirken. Im einzelnen halte ich folgende Punkte bei INTERNET-Vertragsabschlüssen für regelungsbedürftig:

- Erweiterung der Formen der Willenserklärungen (mündlich/schriftlich/ausdrücklich/konkludent), durch Anerkennung der »elektronischen« Willenserklärung,
- Definition, was unter elektronischer Willenserklärung«, »elektronischem Dokument«, »Original« und »Kopie« zu verstehen ist,
- Festlegung von Bedingungen, unter denen die Annahme einer elektronischen Willenserklärung erwartet werden darf,

62 AcP 186 (1986), 195 ff.
63 Kramer (Fn. 14) S. 64 f.; Flume (Fn. 12), 244 f.

- Einführung einer elektronischen Rückbestätigungsnachricht, als Wirksamkeitsbedingung für den Zugang einer elektronischen Willenserklärung,
- Ausschluß des Widerrufs abgegebener elektronischer Willenserklärungen wegen Fehler des Übermittlungsverfahrens,
- Beschränkung der Anfechtungsmöglichkeiten des Verfahrens abgegebener elektronischer Willenserklärungen auf Eingabefehler vor Absendung,
- Pflicht zur elektronischen Dokumentation der Kommunikation,
- Klarstellung zur Anwendbarkeit der Vorschriften über Erfüllungsgehilfen und sonstige Beauftragte,
- Festlegung der Kriterien für die Annahme eines funktionalen Äquivalents zur Schriftform,
- Lösung der Verknüpfung des Begriffs »Urkunde« von der Voraussetzung der Materialisierung und Schriftlichkeit der Gedankenerklärung,
- Gesetzliche Vermutung für die Richtigkeit der nach dem Stand der Technik verschlüsselt übermittelten elektronischen Willenserklärung,
- Schaffung von Sondervorschriften für elektronisch abgeschlossene Verbraucherverträge und
- Einführung einer Gefährdungshaftung mit Haftungshöchstbeträgen für Netzwerkbetreiber.

5.3. *Umsetzung*

Die genannten Gesichtspunkte sind zum Teil aufgrund der EG-Fernabsatz-Richtlinie[64] sowie der EG-Richtlinie über elektronische Geschäftsbeziehungen[65] zwingend zu beachten.

Schon nach der Fernabsatzrichtlinie werden für Vertragsabschlüsse im INTERNET (elektronische Post; Teleshopping, vgl. Anhang 1 der Richtlinie 97/7/EG) Unterrichtung-, Informations-, und Widerrufsrechte vorgeschrieben[66] Nach Art. 9 Nr. 1 der Richtlinie über elektronische Geschäftsbeziehungen ist den elektronisch geschlossenen Verträgen die gleiche Wirksamkeit wie klassischen Verträgen einzuräumen. Diese Vorschrift wird zentrale Regelungen des deutschen Vertragsrechts nachhaltig verändern, da sie sowohl für Unternehmen als auch für Verbraucherverträge gilt[67]. Im Interesse der Einheit der Rechtsordnung sollte deshalb auch das klassische Modell des Vertragsabschlusses im Allgemeinen Teil des Bürgerlichen Gesetzbuches weiterentwickelt werden. Die Schaffung von Sonderprivatrecht, wie es in den U.S.A.

64 97/7/EG v. 20.5.1997 ABlEG 1997 L 144 S. 15.
65 Vgl. Fn. 33.
66 Vgl. dazu Grundmann (Fn. 59), S. 224 mit Nachw.
67 Zur Unterscheidung vgl. Grundmann (Fn. 59), S. 14 ff.

üblich ist[68], eignet sich allenfalls für besondere Aspekte der Verbraucherverträge.

5.3.1. *Unternehmensverträge*

Für den Abschluß von Unternehmensverträgen gibt es in den internationalen Abkommen (CISG; WTO; EVÜ) keine verbindlichen inhaltlichen Vorschriften über die Abgabe, den Zugang, den Widerruf oder die Anfechtung von Willenserklärungen. Das CISG regelt lediglich Angebot und Annahme als formales Erfordernis des Kaufvertragsabschlusses (»äußerer Konsens«), nicht jedoch Pflichten bei Vertragsverhandlungen oder Fragen der Gültigkeit des Vertrages (Willensmängel; Geschäftsfähigkeit; Stellvertretung)[69]. Art. 11 CISG enthält den Grundsatz der Formfreiheit, der auch Vorrang vor staatlichen Formvorschriften hat[70]. Interessant ist, daß nach Art. 10 Abs. 2 S. 2 CISG die »Schnelligkeit der vom Anbietenden gewählten Übermittlungsart« bei der Annahme eines unbefristeten Angebots zu berücksichtigen ist, was bei elektronischen Angeboten die Notwendigkeit einer schnellen Annahmeerklärung hervorruft. Die Bekanntmachung der EU-Kommission über den Abschluß von EDI-Verträgen hat als Empfehlung unverbindlichen Charakter (Art. 249 EGV). Gleiches gilt für das UNCITRAL-Modellgesetz über elektronische Transaktionen. Insofern enthält die EG-Richtlinie über elektronische Geschäftsbeziehungen die einzige und erste gemeineuropäisch verbindliche Rechtsgrundlage zur Schaffung von inhaltlichen Regeln für elektronische Vertragsabschlüsse. Da Unternehmen in manchen Fällen (Art. 10; 11 der Richtlinie) abweichende Regelungen treffen können, werden EDI – Rahmenverträge sowie Abmachungen der Parteien über das Vertragsabschlußverfahren oder zur Übergabe von Dokumenten (Art. 6, 9; 34 CISG) Bedeutung behalten.

Ein entscheidendes Hemmnis in der Durchsetzung elektronischer Vertragsabschlüsse im Unternehmensbereich liegt in der starken staatliche Kontrolle jedweder digitalisierter Kommunikation. Parallel zur Liberalisierung der Telekommunikationsmärkte erfolgt eine erhebliche Überwachung des Telekommunikationsverkehrs. In Deutschland ist der Katalog der Straftatbestände in der Strafprozeßordnung, zu deren Verfolgung die Telekommunikation überwacht werden darf, in den letzten dreißig Jahren siebzehn mal erweitert worden. Nach der Fernmeldeverkehrs-Überwachungsverordnung von 1995 und dem Telekommunikationsgestz von 1996 muß jeder Betreiber einer öffentlichen Fernmeldeanlage, wozu sogar Nebenstellenanlagen von Unternehmen,

68 Uniform Computer Information Transaction Act (Fn. 23).
69 Vgl. v. Caemmerer/Schlechtriem, Kommentar zum Einheitlichen UN-Kaufrecht, München 1990, Rn. 7 vor Art. 14-24.
70 Vgl. v. Caemmerer/Schlechtriem (Fn. 69), Rn. 11 vor Art. 14-24.

Hotels, oder Krankenhäusern gehören, dafür eingerichtet sein, daß bei einer Überwachungsanordnung alle Verbindungsdaten sowie den Inhalt der Nachricht unverschlüsselt bereitgestellt werden können (§§ 88 Abs. 1 TKG; 3ff. Fernmeldeverkehr-ÜberwachungsVO). Der Entwurf einer Empfehlung des Rats der Europäischen Gemeinschaft sieht ebenfalls weitgehende Überwachungsmöglichkeiten für die Satelliten-, Mobilfunk- und Festnetzkommunikation vor[71]. Jedes Telefonat, jede e-mail, jede INTERNET-Kommunikation ist daher grundsätzlich nicht nur für Geheimdienste, sondern letztlich auch für Wirtschaftsspione inhaltlich zugänglich[72]. Verschlüsselungsverfahren bieten je nach ihrer Stärke nur einen relativen Schutz.

5.3.2. *Verbraucherverträge*

Hinsichtlich des Abschlusses von Verbraucherverträgen sind im EG-Recht Teilbereiche des Vertragsabschlußverfahrens verbindlich vorgeschrieben, etwa Informations- und Widerrufsrechte bei Fernabsatzgeschäften, die Verwendung bestimmter Klauseln nach der Mißbrauchsklauselrichtlinie, die Abwehr unaufgefordert übermittelter Werbung nach mehreren Richtlinien, oder die Schriftform für Einwilligung in die Verarbeitung personenbezogener Daten nach der Datenschutzrichtlinie. Viele Vorschriften lassen sich leicht auf elektronische Verträge übertragen.

So ist beispielsweise – wie Nimmer und Poullet ausführen – eine Hervorhebung bestimmter Klauseln auch in der INTERNET-Kommunikation durch Farbe, Links, Verweisung, Kursivdarstellung leicht möglich. Die Richtlinie über elektronische Geschäftsbeziehungen stärkt den Verbraucherschutz durch zusätzliche Informationspflichten, die Eröffnung der Korrekturmöglichkeit von Eingabefehlern und die Rückbestätigung von Annahmeerklärungen (Art. 10; 11).

Das deutsche Gesetz vom 27.6.2000 über den Fernabsatz enthält einen weitgefaßten Katalog von Pflichtangaben, der über die Fernabsatz-Richtlinie hinausgeht. So sind bei INTERNET-Verträgen auch die Eigenschaften der Ware zu beschreiben, Angaben über Nebenkosten (Steuern, sonstige Preisbestandteile) zu machen. Das Widerrufsrecht bleibt bis vier Monate nach Vertragsabschluß oder – bei Waren – ab Lieferung bestehen. Die wichtigste Vorschrift betrifft jedoch die Erstreckung von § 8 VerbrKrG (Versandhandelprivileg) auf INTERNET-Verträge: Die Schriftform und damit die eigenhändige Unterzeichnung der Widerrufsbelehrung (§ 126 BGB) soll entfallen (§ 3 FernAbsG).

71 www.heise.de/tp/deutsch/special/enfo/default.html

72 Vgl. BVerfGE 100, 313 (377 ff.).

6. *International anwendbares Recht*

INTERNET-Verträge werden nicht nur in Deutschland oder Europa, sondern typischerweise weltweit abgeschlossen. Die Frage nach dem international anwendbaren Recht ist deshalb klärungsbedürftig. Während bei Unternehmensverträgen das anwendbare Recht frei vereinbart werden kann, stößt das europäische Verbraucherschutzrecht, wonach das Recht des Wohnsitzes des Verbrauchers anwendbar ist (Art. 12 Abs. 2 Fernabsatzrichtlinie), besonders bei US-amerikanischen Unternehmen auf Ablehnung.

Da eine internationale Vereinheitlichung des Internationalen Privatrechts noch nicht stattgefunden hat und die bisherigen Anknüpfungen für elektronische Verträge nur mit Mühe herangezogen werden können, entwickelt sich eine ausufernde Diskussion[73]. Das Problem entfällt lediglich dann, soweit Art. 1 Abs. 1 CISG als einseitige Kollisionsnorm auf Unternehmensverträge Anwendung findet, wonach die Niederlassung oder das Schuldvertragsrecht des Forums maßgebend ist[74]. Der deutsche Versuch in § 3 Abs. 1 S. 3 der Preisangabeverordnung die Bildschimanzeige zum Ort des Leistungsangebots zu machen, hat noch keine Verbreitung gefunden.
Für grenzüberschreitende INTERNET-Verbraucherverträge ist Art. 12 Abs. 2 der EG-Fernabsatzrichtlinie besonders erwähnenswert. Danach gilt auch für INTERNET-Verträge von Unternehmen außerhalb der Europäischen Union, die ihr eigenes Recht oder das eines nicht EU-Staates zugrundelegen, das Wohnsitzrecht des Verbrauchers, wenn der Vertrag einen engen Zusammenhang mit dem Wohnsitzstaat oder dem Recht eines anderen EU-Mitgliedsstaates aufweist. Die EG-Richtlinie über den elektronischen Geschäftsverkehr propagiert zwar den Vorrang des Gemeinschaftsrechts vor nationalem Recht, läßt aber das Internationale Privatrecht unberührt (Art. 1 Abs. 4 der Richtlinie).
Der deutsche Gesetzgeber will die Konsequenzen ziehen und durch das geplante Fernabsatzgesetz einen Art. 29a EGBGB einfügen, der den § 12 AGBG ersetzen soll. Damit sind einige Konflikte entschärft, die Probleme aber keineswegs gelöst.

73 Nachweise: Mankowski CR 1999, 581-589; Borges ZIP 1999, 565-573; Siehr, S. 155 (157ff.). Vgl. auch Boele-Woelki/Kessedjian, Internet: Which Court Decides? Which Law Applies, The Hague/London/Boston 1998.

74 Mankowski, CR 1999, 581 (586).

7. *Schlußbemerkung*

INTERNET-Vertragsabschlüsse sind durch nationales Recht allein nicht mehr zu strukturieren. Notwendig ist der Abschluß internationaler Abkommen. Das UNCITRAL-Modellgesetz über den elektronischen Geschäftsverkehr spiegelt einen breiten internationalen Konsens und sollte für ein internationales Abkommen deshalb als Vorbild genommen werden.

Principles of Contract Law in Electronic Commerce: A United States Law Perspective

Raymond T. Nimmer, Houston

Contents

Introduction 37
I. Formation of a Contract 38
a) Assent Online by Individuals 41
b) Assent and Contracting by Computers 44
II. Terms of a Contract on the Internet 46
a) Rules Invalidating Some Terms 47
b) Required Procedures for Presenting Terms 51
a. Unavoidability 53
b. Access to Disclosures 53
c. Proximity and Placement 53
d. Prominence 53
e. Non-Distracting Factors 54
III. Under What Circumstances can a Contract be Rescinded 54
IV. Responsibility for the Contract (attribution rules) 58
a) Attribution in the Absence of any Special Arrangement 59
b) Attribution When Using a Procedure 60
c) The Role of Contract 62
d) Liability Limitations 63
Conclusion 64

Introduction

This paper overviews contract law pertaining to E-Commerce. The paper focuses on United States law. Within this field, in order to avoid confusion in discussing the disparate contract law approaches of the various states in the United States, this paper will focus primarily on general statements of contract law, contained in the following:

- Article 2 of the Uniform Commercial Code (»Article 2«) (dealing with sales of goods)
- Uniform Computer Information Transactions Act (»UCITA«) (formerly entitled »Article 2B« and recently approved by the National Conference of Commissioners on Uniform State Laws; dealing with the formation and terms of transactions in digital information)

- Restatement (Second) of Contracts (approved in 1971 and widely, but not uniformly followed as »common law« in the states)
- Uniform Electronic Transactions Act (»UETA«) (recently approved by the National Conference of Commissioners on Uniform State Laws; setting out general principles for electronic messages and transactions)

The basic inquiry here is to set out a framework that identifies issues that arise in applying general contract law in the United States to transactions conducted electronically. The core policy principle, common to all who have discussed this question, is that electronic trade (on the Internet and otherwise) is rapidly becoming the distribution system of choice in many areas of commerce and an important distribution system in all areas. As in »traditional« commerce, a basis for this economic activity lies in contract law. The relevant questions of private law here relate to determining whether, or to what extent, the change in methods of interaction among parties engender changes in the nature of the private contract law regime that applies to Internet transactions. The basic approach in the United States has been that there is a need for tailoring some principles to the Internet, but that this tailoring derives from, rather than radically altering core concepts of contract law.

I. *Formation of a Contract*

A contract is formed by an offer and an acceptance, but more broadly by any conduct of the parties showing agreement.[1] The basic principle in United States law is that the offer *and* the acceptance may be expressed in any manner

1 Discussions of electronic commerce often devote substantial time to whether electronic messages or computer files satisfy formalities requirements found in some laws, especially in the U.S., such as the rule that an executory contract is not enforceable unless expressed in a signed writing. Although billions of dollars of commerce have been conducted over the Internet, there are no reported cases raising this question. At present count, at least twenty one states recognize the equivalence between electronic »records« and writings. Both UETA and UCITA adopt a convention initiated in Article 8 of the UCC in using the term »record«, rather than »writing«, a »record« being defined as »information that is inscribed on a tangible medium or that is stored in an electronic or other medium and is retrievable in perceivable form.« UCITA Section 102(58). UCITA recognizes the equivalence of electronic processing and »traditional« signatures; this has been followed in UCC Article 9 (dealing with secured transactions). UETA has the same concept. The model law proposed by UNICTRAL likewise provides similar rules of equivalence. All in all, while the formalities debate continues, its commercial relevance is greatly reduced and need not detain us as a matter of general private law. The issue remains important, however, in the continued existence of regulatory rules in some states and in federal law that require writings as a matter of regulation, and have not been fully updated to fit electronic commerce.

appropriate to the circumstances as may conduct adequate to show agreement.[2] This principle was most recently stated in Section 202(a) of UCITA:

> A contract may be formed in any manner sufficient to show agreement, including offer and acceptance or conduct of both parties or operations of electronic agents which recognize the existence of a contract.[3]

Notice that this formulation contains an express reference to agreements being shown by the operations of »electronic agents« which recognize the existence of a contract.[4] This rule establishes the validity of purely automated contracting, a practice that has already developed in several information industries and has variants in other areas of commerce in the United States. This formulation from UCITA, including the electronic agent concept, is followed in the approved draft of UETA and also in the current draft of proposed revisions of Article 2, although the status of that revision has been called into doubt by recent political events.

The idea that agreement can be shown by conduct is a common law premise in the United States that was carried forward into Article 2, the *Restatement (Second) of Contracts* and UCITA. The term used in the *Restatement* for assent by conduct is that a party »manifests assent« to the contract or to the terms of a particular writing (»record«).[5] As expressed in UCITA, the concept of manifesting assent reads as follows:

> A person manifests assent to a record or term if the person, acting with knowledge of, or after having an opportunity to review the record or term or a copy of it . . . intentionally engages in conduct or makes statements with reason to know that the other party or its electronic agent may infer from the conduct or statement that the person assents to the record or term.[6]

The conduct must be voluntary or intentional in the sense that a decision to act (or not to act) occurs. The U.S. case law establishes that inaction can consti-

2 In mass markets especially, there is often an ambiguity about which act of which party is the offer and which is the acceptance. For example, on an Internet site, is the making available of information or other commodities for a stated fee the »offer« which is »accepted« by the customer's assenting to the terms, or is the site an advertisement or a solicitation for offers, the customer's conduct being the »offer« to purchase on the vendor's terms, which is »accepted« when the vendor acts in response? Deciding this question is often not important, but it can relate to questions about when a where a contract is formed and about what regulatory regime applies. There are no United States cases dealing with this issue in Internet contexts.

3 Accord Uniform Commercial Code [UCC] § 2-202(a).

4 UCITA Section 102(28) defines »electronic agent« as »a computer program, or electronic or other automated means used independently to initiate an action or respond to electronic messages or performances without review or action by an individual at the time of the action, response or performance.«

5 See *Restatement (Second) of Contracts* § 19.

6 UCITA § 112(a). Accord *Restatement (Second) of Contracts* § 19.

tute a manifestation of assent. A recent case illustrating that principle was *Gateway 2000, Inc. v. Hill,*[7] *in which* the purchaser of a computer system was bound by the terms of a contract contained within the computer system box when the customer failed to return the computer within thirty days after its receipt and the contract provided that this failure would constitute assent to the terms of the contract.

The rules here do not focus on determining whether there was a *subjective* intent to be bound, but on whether the objective manifestations indicate such an intent.[8] A key term in both the *Restatement* and UCITA is that the conduct or inaction must occur with »reason to know« that it will yield an inference of assent on the part of the other party. The idea of »reason to know« is fluid and captures a wide range of circumstances that occur in cases, many of which circumstances will fall far short of actual knowledge. As discussed in both the Restatement and UCITA, a person has reason to know a fact if the person has information from which a reasonable person of ordinary intelligence would infer that the fact does or will exist based on all the circumstances, including the overall context and ordinary expectations in that context.[9] The party is charged with commercial knowledge of any factors in a particular transaction which in common understanding or ordinary practice are to be expected, including reasonable expectations from usage of trade and course of dealing. If a person has specialized knowledge or superior intelligence, reason to know is determined in light of whether a reasonable person with that knowledge or intelligence would draw the inference that the fact does or will exist.

»Reason to know« is distinguished from knowledge. Knowledge means conscious belief in the truth of a fact. Reason to know need not entail a conscious belief in the existence of the fact or its probable existence in the future. Of course, a person that has knowledge of a fact also has reason to know of its existence. Reason to know is also to be distinguished from »should know.« »Should know« imports a duty to others to ascertain facts; the term »reason to know« is used both where the actor has a duty to another and where the person would not be acting adequately in protecting its own interests if it did not act in light of the facts of which it had reason to know.

7 *Gateway 2000, Inc. v. Hill,* – F.3d – (7th Cir. 1997). See also *Brower v. Gateway 2000, Inc.,* 676 NYS.2d 569 (N.Y.A.D. 1998) (contract formed, but particular term relating to arbitration was unconscionable and, at least in part, unenforceable).

8 In U.S. law, one measures intent by objective manifestations of intent, rather than subjective intention. This means that the person responding is held to intend »what appeared from his expression to be his intention.« *Restatement (Second) of Contracts* § 18, 19. Calamari & Perillo, *The Law of Contracts* 2-13 (1987). The UNIDROIT rules are consistent. *UNIDROIT Principles* art. 2.2, comment 2 (»Since such an intention will rarely be declared expressly, it often has to be inferred from the circumstances of each individual case.«).

9 *Restatement (Second) of Contracts* § 19, *Comment b*; UCITA Section 102 (56), *Reporter's Notes* (July, 1999 Proposed Draft).

UCITA goes beyond the *Restatement* in expressly requiring that the conduct manifesting assent must occur *after* the party has an *opportunity to review* the terms of the contract.[10] A person has an opportunity to review a record only if the record »is made available in a manner that ought to call it to the attention of a reasonable person and permit review.« This standard tailors the general concept of manifesting assent in a manner that gives potentially important protection against inconspicuous or hidden records. It does not require that the assenting party actually read the record before agreeing to it. This is consistent with general U.S. contract law, including the rules outlined in the *Restatement,* and with ordinary practice; under U.S. law, a party does not avoid being bound by the terms of a record fairly presented for review simply because the party fails to seize the opportunity to review the terms before assenting to the contract. On the other hand, as implemented in UCITA and, arguably, in general contract law, one party cannot obtain assent to a record that it has not at least fairly made available for the other party's review.

a) *Assent Online by Individuals*

These general concepts set the basic framework for consideration of the mechanics of contractual assent in Internet transactions under U.S. law. I will defer, for the moment, the question of »given general assent to a contract, is the assenting party bound by all of the terms?« This section deals with the question of assent itself.

A fair reading of U.S. case law and general contract law sources leave little doubt that, as a general principle, assent expressed in the form of a click or other expression of assent in a context clearly indicating (giving »reason to know«) that the click on the screen will create an inference of assent is adequate to bind the party to the contract. While there are relatively few U.S. decisions on point, there seems to be little doubt that a party by reacting to a choice, clearly presented, to either assent to a contract or decline assent and leave a particular transactional context, manifests assent if it chooses the option that it has reason to know will yield that result.[11]

As this phrasing indicates, however, there are a number of assumptions made about the context, the failure of which assumptions might yield the result that there was no contract formed. For example, if a party has no alternative but to proceed in a particular manner (e.g., it cannot withdraw from the site), pro-

10 UCITA 112(a) (July 1999, Approved Draft).

11 See, e,g., *Caspi v. The Microsoft Network, L.L.C. et. al.*, – N.E.2d – (NJ Super. Ct. 7/2/99) (choice of forum clause in online contract which consumer could review entire contract and click »I Agree« or »I disagree« enforceable); *Storm Impact, Inc. v. Software of the Month Club,* 44 U.S.P.Q.2d 1441 (N.D. Ill. 1997) (on-line agreement preventing commercial use); *Hotmail Corp. v. Van$ Money Pie, Inc.,* 47 U.S.P.Q.2d 1020 (N.D. Cal. 1998).

ceeding in that particular manner does not indicate assent because there was no choice involved.[12] Similarly, at least under the UCITA formulation, there might be no assent if the terms of the contract are not available for review before the alleged assent or if the reference to them was inconspicuously buried in a screen in a manner that would not come to the attention of an ordinary person. Terms not made available until after the conduct that allegedly constitutes assent are not assented to *by that conduct*, although subsequent conduct may be sufficient.

This type of contextual analysis, shaped by standards, rather than specific mandatory rules, is a common approach in U.S. contract law. From the perspective of a party transacting on the Internet, these standards set out guidelines which, if followed, provide fair notice to the other party in addition to establishing assurance that the terms will be binding. The provider must create a setting in which:

- the terms of the contract are fairly presented for review in a manner that ought to call their availability to the attention of a reasonable person; and
- the user's choice to take a particular action is clearly indicated as yielding assent to the contract

For example, a prominent hyperlink to the contract terms followed by a clearly delineated option to accept the terms or refuse them would clearly satisfy this standard. Of course, this system of contract law does not allow the other party to demand the information or other commodity that is being marketed on *its own terms*, but that is the nature of the marketplace and, in U.S. law, cases of potential abuse of market are dealt with under law other than those associated with contract formation.

This being said, in the U.S., as in other countries, some have expressed doubt about whether a single manifestation of assent to an alternative made explicit on the screen of a computer *should* be sufficient to constitute assent for purposes of contract formation. The bases for this position have never been fully articulated and the concept of »enhanced assent« that it postulates has not been adopted in any U.S. case or general contract law statute formulation applicable to Internet contracting.[13] Under U.S. common law and under UCITA, the issue is simply whether the conduct occurred in a context where there was reason to know that it would indicate assent. To this writer, the principle concern appears to be grounded in the risk that a mistake might bind an

12 This, of course, does not mean that the party must be given an alternative of making the purchase without assenting to the terms. The idea of choice here resides at the transactional level: the party must have the capability of refusing the terms and declining the transaction. There is no principle embedded in U.S. law which dictates that a vendor cannot generally insist on the terms under which it chooses to distribute (or not distribute) its product.

13 Some indications of enhanced assent requirements can be found in consumer protection regulatory laws regarding disclosure rules, however, but a review of these is beyond our scope here.

individual to an unwanted contract and the proposition that the risk of such mistakes is more pronounced in Internet transactions than elsewhere. As an empirical matter, the latter point is unsubstantiated: indeed, in a properly constructed Internet site, the idea that mistaken assent is more likely than elsewhere is counterintuitive and factually incorrect.

UCITA contains provisions specially dealing with the risk of mistake in Internet and UETA adopts a similar concept in modified form. I discuss these later. In addition, however, UCITA establishes a statutory incentive for providers to employ a so-called »double-click« technology to reduce the risk of mistake. UCITA Section 112(d) provides:

> Conduct or operations manifesting assent may be shown in any manner, including a showing that a person or an electronic agent obtained or used the information or informational rights and that a procedure existed by which a person or an electronic agent must have engaged in the conduct or operations in order to do so. *Proof of compliance with [the required conduct occurring with reason to know] is sufficient if there is conduct that assents and subsequent conduct that electronically reaffirms assent.* [emphasis added]

In discussing contract formation issues with respect to Internet contracting, two general policy points should be kept in mind.

The first involves the reality that, while enhanced assent requirements *may* provide protection to some purchasers on Internet, that protection comes at a *cost* measured by (1) the cost of compliance with the enhanced requirement; (2) the uncertainty for the vendor created if the adequacy of compliance cannot be judged at the outset; and (3) the consequences of non-compliance with enhanced assent concepts. This is an especially cogent formulation when one considers requirements grounded in, and associated with, the world of goods in traditional commerce in the form of paper-based disclosures and the like, where the requirements themselves sometimes disable the very benefits of electronic commerce itself. It is also especially cogent when one acknowledges that, like all other venues of commerce, electronic commerce is not merely a consumer marketplace, but increasingly a commercial market involving transactions among and between businesses.

The second point focuses on the consequences of concluding that no contract is formed and on the question of, as a matter of policy, under what circumstances the cost or risk of those consequences *should be* imposed on either of the transacting parties. If we assume that no performance has occurred by either party, the consequences of concluding that there was no enforceable contract may be, as we discuss below, simply a matter of allowing the customer to avoid the alleged deal. For consumer transactions, this may be trivial, but it may not be trivial in a business-to-business transaction where supply-chain structures cause early reliance on the contract. If we assume that the value has been provided to the customer, but in law no contract was formed, the consequences vary depending on the subject matter of the transaction.

- In the world of goods, the consequence may be that the vendor has delivered goods without the benefit of a contract or, alternatively, without the benefit of the terms of contract under which it has decided to market the goods. Assume that there were no egregious terms in the contract. In either case, the result in either case is that the vendor is in the marketplace under terms it did not desire, with unknown economic consequences. For the buyer, either it is in possession of goods it did not purchase and must return them, or it has purchased goods under terms that were not those offered. Clearly, for the buyer, the latter is the optimal result, but when is it appropriate? Of course, in all countries, various principles of law may exist to equitably adjust these circumstances, but these are often costly and uncertain and, in an Internet context, may be applicable to millions of purchases, rather than one or two.
- In the world of information, the consequences are equally difficult, but involve somewhat different considerations. Let's look at two cases. In the first, Client obtained access to and read a copy of the latest court decision pursuant to a contract requiring payment of two dollars for the access time, but the contract is unenforceable. Having read the case, the knowledge cannot be returned. However, equitable remedies against each of the one hundred thousand clients who used the same access under the same invalid contract is impossible. In the second case, Client obtains by downloading a copy of copyrighted software under a license that allows use for commercial purposes by up to ten simultaneous users or with up to ten copies, but the license is not enforceable. The licensee may be in possession of an infringing copy, if downloading was contingent on the licensee. Even if not, it cannot make additional copies without infringing, because the copyright owner did not effectively transferred the right to do so.[14]

b) *Assent and Contracting by Computers*

A number of years ago, at a conference in the United States, I asked the over one hundred lawyers in the audience whether they thought that a computer could enter into a contract with another computer. After allowing several moments for the subdued chuckles to die down, I followed my question with the following statement: »The answer to that question *must* be yes in order to

14 See, e.g., *Micro Star v. Formgen Inc.*, 154 F.3d 1107 (9th Cir. 1998) (enforceability of license in downloaded software not material to infringement claim; if license was enforceable, actions exceeded the license, but if license was not enforceable, there was no right to make any copies of the software).

realize the potential of electronic commerce because, as the technology evolves, that will be exactly the way in which contracts are increasingly formed and, in the arena of information commerce, performed.« Subsequent years have merely underscored the accuracy of that observation. The use of »electronic agents« (or »bots«) has developed rapidly in Internet. Indeed, their development and the predictable use *by consumers* of such agents to »shop« an international marketplace is a distinguishing characteristic of electronic commerce that contrasts to commerce at the storefront, in the shopping mall, or from the factory.[15]

An »electronic agent« is »a computer program, or electronic or other automated means used independently to initiate an action or respond to electronic messages or performances without review or action by an individual at the time of the action, response or performance.«[16] There are few reported cases in the U.S. on fully automated contract formation,[17] but, as described above, UCITA and UETA expressly recognize that electronic agent operations can form an enforceable contract, and proposed revisions of Article 2 have the analogous concept. The key issue will be under what circumstances do the operations of the agents recognize the existence of a contract.

The idea that contracts can be formed between two computer programs represents either a mere expansion of concepts of assent under U.S. contract law or a fundamental philosophical shift that has great significance in electronic commerce. It is a fundamental change in concept if one looks solely to the interaction of programs as the basis for judging adequate assent to a contract. Computer programs increasingly have capabilities associated with »intelligence«, such as the basic capability to rapidly make »choices« among options, including not only particular products, but the price and contract terms associated with those products. Yet, this type of choice and the operations that it causes are not equivalent to the human choice that characterizes the assent associated with contracting. They might be treated as such for purposes of legal effect, but they are not the same. Equally important, of course, it is not the computer program itself that is bound to a contract, but the person on whose behalf the program (»electronic agent«) operates.

This suggests casting backward for a finding of assent, focusing on the decision to use the electronic agent. Under both the UCITA and the UETA formulations, an electronic agent is a program *used* to engage in independent actions associated with the creation or performance of contracts. The »user« here is

15 See Lorin Brennan, Through the Telescope: UCITA and the Future of E-Commerce, Miss. C. L. Rev. 27 (1999); Lorian Brennan, The Public Policy of Licensing, 36 Hou. L. Rev. 61 (1999).

16 UCITA Section 102(28) (1999 Approved Draft).

17 *See Corinthian Pharmaceutical v. Lederle Laboratories,* 724 F. Supp. 605 (SD Ind. 1989) »When Corinthian placed its order, it merely received a tracking number from the computer. Such an automated, ministerial act cannot constitute an acceptance.«).

akin to the principal in a principal-agent relationship, although neither UCITA nor UETA rely on that fiction to support the contract-related consequences of use of the electronic device. The basic principle on which responsibility for electronic operations lies, instead, in the initial choice and the imposition of resulting obligations. »Use« of an electronic agent implies a conscious decision to rely on that agent's independent operations. That decision corresponds to a resulting acceptance of the obligations that ensue from that use.
UCITA Section 107 specifies that a »person that uses its own electronic agent for authentication, performance, or agreement, including manifestation of assent, is bound by the operations of the electronic agent, even if no individual was aware of or reviewed the agent's operations or the results of the operations.« This is the basic attribution rule. However, there is also a need to provide a buffer against fraud and gross mistake in the fully automated contracting arena. To this end, UCITA Section 206(a) indicates that, if the interaction of electronic agents »results in the electronic agents engaging in operations that the circumstances indicate acceptance, a contract is formed but a court may grant appropriate relief if the operations resulted from fraud, electronic mistake, or the like.« On this latter point, the Reporter's Notes to an earlier draft of UCITA state:

> Assent from the operations of the two electronic agents does not arise if the operations are induced by mistake, fraud or the like. Formation of a contract does not occur if a party or its electronic agent manipulates the programming or response of the other electronic agent in a manner akin to fraud. Such acts, in essence, vitiate the inference of assent which would occur through the normal operations of the agent. Similarly, the inference is vitiated if because of aberrant programming or through an unexpected interaction of the two agents, operations indicating the existence of a contract occur in circumstances that are not within the reasonable contemplation of the person using either electronic agent. In such cases, the circumstances are analogous to mutual mistake. In some cases, especially if the electronic agent is supplied by one party to the purported agreement, it would be appropriate for a court to avoid results that are clearly outside the reasonable expectations of the other party. The concept here is more akin to the law of unilateral mistakes except that it places the risk on the party that supplied the agent for and required its use in a particular transaction.[18]

II. *Terms of a Contract on the Internet*

U.S. contract law follows a concept of contractual freedom associated with the open-market economy. Under this policy, the agreement controls and

18 UCITA Section 206, Reporter's Notes (July 1999 Proposed Draft).

contract law provides, at most, background or default rules that govern in the event that the parties' agreement fails to address the particular issue.[19] This policy permeates the Uniform Commercial Code and UCITA, and was explained in comments to Article 2A on leases of goods: »This article was greatly influenced by the fundamental tenet of the common law as it has developed with respect to leases of goods: freedom of the parties to contract . . . These principles include the ability of the parties to vary the effect of the provisions of Article 2A, subject to certain limitations including those that relate to the obligations of good faith, diligence, reasonableness and care.«[20]

This legal structure creates an interaction between the two sources of contractual provisions (underlying law and over-riding agreement). While some contract law rules are expressly invariable, most can be altered by the agreement. As a consequence, in defining the terms of a contract, one looks first to the agreement and, in particular, to any record of the agreement, and only thereafter to the underlying default rules.

Most Internet contracts are standard forms to which the other party assents. In Internet, the assenting party may be either the vendor or the purchaser, depending on the nature of the transaction. General U.S. law holds that a party is bound by the terms of a standard form if it manifests assent to that form.[21] This includes all the terms of the contract whether or not the party has read or actually understood them. This principle, which flows from a general concept of blanket assent to a record containing terms of a contract, is not without exceptions, however.

a) *Rules Invalidating Some Terms*

The most broadly applicable rule in U.S. contract law that allows a court to invalidate some terms of the contract comes from the doctrine of »unconscionability.« This doctrine was created in the 1950's in Article 2 of the UCC.[22] It was subsequently adopted in Article 2A (leases of goods) and embodied in the *Restatement (Second) of Contracts*. It has been carried forward into the field of computer information transactions in UCITA.

19 »Agreement« is a defined term in the UCC and in UCITA, referring the entire bargain of the parties in fact, not just the written (or recorded) contract. See UCC § 1-201.

20 UCC 2A-101, Comment. See also Randy E. Barnett, *The Sound of Silence: Default Rules and Contractual Consent*, 78 Va. L. Rev. 821 (1992); Ian Ayres & Robert Gertner, *Strategic Contractual Inefficiency and the Optimal Choice of Legal Rules*, 101 Yale L.J. 729, 734 (1992).

21 *Restatement (Second) of Contracts* § 211. See also UCITA Section 209(a)(c) (1999 Approved Draft).

22 UCC § 2-302. Interestingly, this doctrine is not expressly applicable to secured transactions (UCC Article 9) or to transactions involving securities (UCC Article 8).

The doctrine of unconscionability gives the court power to invalidate aspects of contracts that produce untoward results. As stated in Article 2, the doctrine provides:

> If a court as a matter of law finds the contract or any term thereof to have been unconscionable at the time it was made, the court may refuse to enforce the contract, or it may enforce the remainder of the contract without the unconscionable term, or it may so limit the application of any unconscionable term as to avoid any unconscionable result.[23]

Unconscionability as a theory lacks substantive focus. As initially promulgated, it centered on creating an important organizing principle that established the right of courts to »police« against abusive contract terms.[24] The theory thus sets out a limited right of a court to rewrite contracts. As unconscionability doctrine evolved, it came to focus excluding contractual clauses that reflect a combination of procedural unconscionability (adhesion contracts) and substantive unconscionability (oppressive terms).[25] As the comments to the Article 2 section that created the concept indicate, the »basic test is whether, in light of the general commercial background . . . the clauses involved are so one-sided as to be unconscionable at the time and place of the making of the contract.«[26] The concept bears some resemblance to the ideas expressed in the European Union Directive on Unfair Contract Terms in consumer contracts, although it lacks anything resembling the lengthy list of terms contained in that Directive as illustrative of unfair and, thus, avoidable terms.[27]

One could spend hours discussing the scope of unconscionability without placing firm limits on that scope. It is, in fact, a general overview standard within which courts can police contracting practice to avoid extreme abuses. Within that overall standard, the case law pattern that has developed invalidates a term of a contract only if based on a conjunction of procedural problems and substantive abuses. The earliest litigation centered on consumer cases and this continues to be its major focus. However, it also applies to commercial contracts.[28]

23 UCC § 2-302(a).
24 U.C.C. § 2-302, *Comment* 1.
25 Arthur Leff, »Unconscionability and the Code – The Emperor's New Clause,« 115 U. Pa. L. Rev. 485 (1967) (describing procedural and substantive unconscionability).
26 U.C.C. 2-302, comment 1 (1962 Approved Draft).
27 EU Directive on Unfair Terms in Consumer Contracts. OJ No. L 95/29, 21.4.93.
28 See, e.g., *Brower v. Gateway 2000, Inc.,* 676 NYS.2d 569 (N.Y.A.D. 1998) (arbitration clause in standard form contract that was otherwise enforceable is unconscionable because it effectively deprived buyer of computer of the ability to pursue a claim); Intergraph Corp. v. Intel Corp., – F. Supp. –, 1998 WL 180606 (ND Ala. 1998) (termination provision in technology contract used in an anti-competitive manner had an unconscionable effect).

Unconscionability doctrine was controversial when first introduced and engendered extensive litigation. More recently, however, the parameters of the doctrine, although ultimately flexible, have stabilized. A less-well-accepted invalidation rule is suggested in Section 211 of the *Restatement.* Although promulgated in 1971, this rule has been adopted in less than ten states.[29] Section 211 proposes that a person who manifests assent to a standard form is bound by the terms of that form, except terms that the party proposing the form has reason to believe would cause the other party to reject the writing if it knew that the egregious term were present.[30] In form, this creates a »refusal term« concept that extends beyond unconscionability and creates an *additional* basis for avoiding some contract terms even if the term itself is not unconscionable.

While the black letter of the *Restatement* refers to »refusal terms«, however, some courts in the few states that adopt the theory go further and allow a court to avoid any term that the judge believes is outside the »reasonable expectations« of the other party, whether or not that other party is a consumer or a business.[31] The *Restatement* comments mention this phrase, but focus on other issues. They state in relevant part:

> Although customers typically adhere to standardized agreements and are bound by them without even appearing to know the standard terms in detail, they are not bound to *unknown* terms which are beyond the range of reasonable expectations. . . . Reason to believe may be inferred from the fact that the term is bizarre or oppressive, from the fact that is eviscerates the non-standard terms explicitly agreed to, or from the fact that it eliminates the dominant purpose of the transaction.[32]

The interest protected here is associated with the bargaining process itself. The *Restatement* recognizes, as any contract law must, that parties agree to and are bound by standard forms every day. This is central to modern commerce, especially in the Internet. The *Restatement* section goes beyond the idea of unconscionability, however, to deal with concerns about unfair surprise. Basically, the goal seems to be to give a party an opportunity to convince a court that the term was not known to it and that the other party should have known that the adhering party would refuse the contract had the term been disclosed.

Variations of the *Restatement* standard were presented and debated in both the process leading to the promulgation of UCITA and the process of revising Article 2. The concept was rejected in UCITA, being replaced with enhanced

29 See James J. White, *Form Contracts Under Revised Article 2,* 75 Wash. U. L.Q. 315 (1997).
30 *Restatement (Second) of Contracts* § 211(3).
31 James J. White, *Form Contracts Under Revised Article 2,* 75 Wash. U. L.Q. 315 (1997).
32 *Restatement (Second) of Contracts* 211, *comment f.*

procedural protections and a reliance on general theories of unconscionability. A general adoption of the concept was also rejected in the Article 2 revision process. The most recent draft of revisions for Article 2 provided a variation of the expectations test limited to consumer contracts, but that proposal has been controversial and its status is uncertain in light of a recasting of the Article 2 revision process in the face of the controversy.

Both unconscionability and the *Restatement* test share a concern about unknown or undisclosed terms. From the perspective of the party seeking enforcement of contract terms, they indicate a need to affirmatively disclose important terms if this is possible. However, because of the substantive aspect of unconscionability doctrine, mere disclosure may not be adequate to overcome a challenge under that doctrine.

A third source of *term* invalidation under U.S. law is present throughout U.S. contract law, but has been codified only in UCITA and the *Restatement.* This principle recognizes that some contract terms are invalid because they conflict with the fundamental public policy of a state and that public policy overrides the interest in the enforcement of contracts. As described in UCITA, the test is:

> If a term of a contract violates a fundamental public policy, the court may refuse to enforce the contract, may enforce the remainder of the contract without the impermissible term, or so limit the application of the impermissible term as to avoid any result contrary to public policy, in each case, to the extent that the interest in enforcement is clearly outweighed by a public policy against enforcement of the term.[33]

Not surprisingly, this »public policy« invalidation seldom arises in ordinary commercial practice. Comments to the *Restatement* suggest that: »In doubtful cases . . . a decision as to enforceability is reached only after a careful balancing, in light of the circumstances, of the interests in the enforcement of the particular promise against the policy against the enforcement of such terms. . . . Enforcement will be denied only if the factors that argue against enforcement clearly outweigh the law's traditional interest in protecting the expectations of the parties, its abhorrence of any unjust enrichment, and any public interest in enforcement of the particular term.«[34]

In a recent illustration of this concept, a California court invalidated a contractual choice of law provision.[35] The basis for this was that the choice of law (the state of Maryland) if enforced, would circumvent fundamental public pol-

33 UCITA § 105(b). See also *Restatement (Second) of Contracts* § 178.
34 *Restatement (Second) of Contracts* § 178, comment b.
35 *Application Group, Inc. v. Hunter Group, Inc.*, 61 Cal. App4th 881, 72 Cal. Rptr2d 73 (Cal. App. 1998).

icy of California which denies enforcement, except in exceptional cases, to contract terms precluding an employee from competing with the employee's former employer. By denying enforcement to the contract choice of law, the court applied California law to the dispute and declared the no-competition clause invalid (in effect, a dual application of the public policy invalidation theme). As here, in most cases, the concept when applied stems ether from a specific state statute or from well-established principles of common law.
In principle, there is nothing unique in Internet transactions that would affect the applicability or non-applicability of the public policy concept.

b) *Required Procedures for Presenting Terms*

In addition to the foregoing invalidation rules, U.S. law contains a number of specific rules which require particular disclosures associated with a contract or which specify format or form for particular types of contractual clauses. Many of these are embedded in particular state or federal regulations, most often associated with consumer protection issues. In some cases, failure to comply with the particular disclosure rule invalidates a contract or term, while in others it exposes the non-complying vendor to an administrative sanction.
In general, these consumer rules were developed for a paper-based economy and reflect methods of disclosure and discourse associated with that economy such as in the form of requirements that disclosures occur *in writing* or that *terms* be presented in a specified manner associated with size and location deriving from an expectation that the contract be handed over in print form. Many of these regulations have not been updated to reflect the Internet commerce environment. In some states, however, electronic commerce legislation broadly preempts aspects of the regulations that require either a writing or a traditional signature, in each case permitting electronic surrogates of these traditional commerce concepts. UCITA contains similar preemptive language.[36]
In the U.S., many consumer protection themes are contained in federal regulations. U.S. federal agencies appear ready to recognize conceptually the equivalence between electronic records and writings, but seem to be pursuing disconnected policy approaches to adjusting regulatory disclosure and similar rules to Internet. For example, the Federal Reserve Board, which administers various consumer regulatory systems (including truth in lending and electronic funds transfer rules) has a adopted an open-ended, flexible approach to the Internet variations, allowing systems that fairly comply with underlying

36 UCITA § 105(d).

disclosure policies,[37] while the Federal Trade Commission (which administers a variety of other consumer rules) has proposed a more limited approach which will restrict commercial development in Internet contexts.[38] Neither view is consistent with the approach apparently being developed within the European Union.

Beyond regulatory requirements, general contract law in the U.S. in some situations imposes format requirements in order to obtain enforceability of particular types of contract terms, despite assent to the overall contract. The most common is a requirement that certain terms be »conspicuous.« This concept exists in current Article 2 and Article 2A dealing with sales and leases of goods. These statutes require that, if a disclaimer of an implied warranty is contained in a »writing«, the disclaimer must be »conspicuous« in order to be enforceable.[39] UCITA adopts this same standard with respect to disclaimers in a record in transactions involving computer information.[40] UCITA also requires that, in a mass market transaction, a restriction on transfer of the license must be conspicuous to be enforceable.[41]

The functions of a conspicuousness requirement are to provide fair notice of the term to the other party and, as a related matter, to give contract drafters guidance on how to present terms that will make them enforceable under general contract law. In the UCC, a term is »conspicuous« if presented in a manner that ought to call it to the attention of a reasonable person.[42] The statute specifies several methods of making a term conspicuous, such as by presenting it in all caps distinct from surrounding text. UCITA follows this approach of giving guidance on how to make a term conspicuous, expanding the guidance to fit Internet contexts. It provides in relevant part that a term is conspicuous if it is:

- a heading in capitals in a size equal to or greater than, or in contrasting type, font, or color to, the surrounding text;
- language in the body of a record or display in larger or other contrasting type, font, or color or set off from the surrounding text by symbols or other marks that call attention to the language;
- a term prominently referenced in an electronic record or display which is readily accessible and reviewable from the record or display; or

37 See, e.g., Federal Reserve System, 63 Fed. Reg. 14548-01 (March 25, 1998); Federal Reserve System, Interim Rule Regarding Reg. E, 63 FR 14528-01 (March 25, 1998).

38 Federal Trade Commission, Proposed Statement Regarding E-Commerce, 63 Fed. Reg. 24996-01 (1998).

39 UCC § 2-316.

40 UCITA § 406(b)(5) (1999 Approved Draft).

41 UCITA § 503(4) (1999 Approved Draft). UCITA also allows the parties to agree that it applies to aspects of transactions otherwise outside its scope, or does not apply to aspects otherwise within its scope. In a mass market transaction, such a choice must also be conspicuous. UCITA § 103(e)(3).

42 UCC § 1-201.

- a term or reference to a term that is so placed in a record or display that the person or electronic agent can not proceed without taking some action with respect to the term or reference.[43]

This same language is replicated in the most recent draft of revisions of Article 2.
In contrast to these approaches to the requirement of a term being »conspicuous«, one can compare a draft policy by the Federal Trade Commission which it placed out for comment. The proposal received significant negative comment. The draft sought to provide interpretation of standards administered by the Commission requiring »clear and conspicuous« disclosures in advertising. The Commission noted that generally its current standards of administering there rules would continue to apply, but that electronic media with scrolling and other functions create special difficulties. In assessing these settings, it suggested that the following factors be considered:[44]

a. Unavoidability. »The Commission believes that, to ensure effectiveness, disclosures ordinarily should be unavoidable by consumers acting reasonably. On the Internet or other electronic media, this means that consumers viewing an advertisement should necessarily be exposed to the disclosure in the course of a communication without having to take affirmative action, such as scrolling down a page, clicking on a link to other pages, activating a »pop up,« or entering a search term to view the disclosure.«

b. Access to Disclosures. »The Commission believes that in order to be effectively communicated, disclosures should remain accessible by consumers at all times during the communication. Therefore, after initially viewing a Web page that contains disclosures, a consumer who hyperlinks to another page should not be prevented from returning to the page containing the disclosures.«

c. Proximity and Placement. »Internet and other electronic media advertisements often include many pages and the length of each individual page can far exceed that of a traditional off-line page. Consumers may choose not to scroll completely through each page and not to link to each available page on the Web site, thus possibly missing important disclosures. Based on its experience in evaluating disclosures in traditional media, the Commission believes that the effectiveness of disclosures is ordinarily enhanced by their proximity to the representation they qualify.«

d. Prominence. »Disclosures that are large in size and/or emphasized through a sharply contrasting color, and remain visible or audible for a sufficiently long duration, are likely to be more effective than those lacking such prominence.«

43 UCITA § 102 (15) (1999 Approved Draft).
44 Federal Trade Commission, Proposed Statement Regarding E-Commerce, 63 Fed. Reg. 24996-01 (1998).

> **e. Non-Distracting Factors.** »Even if a disclosure is large in size and long in duration, other elements of an advertisement may distract consumers so that they fail to notice, read, or listen to the disclosure. For example, Web pages may contain large flashing images, background sounds, or other items that are separate from the disclosure and may reduce the prominence of the disclosure.«

In contrast, in discussing adaptation of its rules to electronic commerce, the Federal Reserve Board commented: »The act and Regulation Z require creditors to present required information »clearly and conspicuously.« Under the proposed rule, the »clear and conspicuous« requirement applies to electronic communication. *The Board does not intend to discourage or encourage specific types of technologies.* Regardless of technology, however, the disclosures provided by electronic communication must meet the »clear and conspicuous« standard. While a creditor is generally not required to ensure that the consumer has the equipment to read the disclosures, in some circumstances a creditor would have the responsibility of making sure the proper equipment is in place.« (emphasis added)[45]

Standards evolved in general law for general applicability should be more open-ended than standards developed pursuant to specific regulatory regimes of limited and focused applicability. Additionally, of course, the contract law standard that some terms be »conspicuous« is on its face potentially different from a standard that a disclosure be »clear and conspicuous.« Besides the language differences, the terms come from a different legislative and policy background.

III. *Under What Circumstances can a Contract be Rescinded*

U.S. contract law contains no general right of rescission applicable to Internet transaction analogous to that provided for in the EU Distance Sales Directive.[46] Disclosure rules are created under federal law for certain forms of telemarketing, but these are not as broadly applicable as under the Directive.[47]

45 Federal Reserve System, 63 Fed. Reg. 14548-01 (March 25, 1998).

46 EU Distance Sales Directive. Council Directive on the Protection of Consumers in Respect of Distance Contracts, OJ No. C4-066696 (Nov. 27, 1996). Importantly, while the Directive contains a mandatory rescission right, that right does not apply to contracts for the supply of video recordings, records or computer software, where the risk of customer fraud is high.

47 FTC regulates long distance contracting through a focus on »telemarketing.« 16 CFR Part 310 (Aug. 23, 1995). The telemarketing rules prohibit various deceptive acts and require disclosure *prior to when the customer pays* of the following items: total cost and quantity of goods or services involved, all material restrictions on the purchase, receipt, or use, existence of any policy of not making refunds, cancellations or the like, in a prize promotion, ele-

While limited rights of rescission are created in US law for particular types of transactions, these are associated with intrusive or otherwise sensitive sales environments and have not bee extended into Internet contexts.[48]

In general contract law, however, a variety of doctrines permit the avoidance of an otherwise apparently enforceable contractual obligation and these doctrines apply to Internet transactions.[49] In U.S. law, these doctrines generally deal with circumstances which vitiate the conclusion that there was actual assent to the contract. For example, a contract may be rescinded for fraud. More relevant to the Internet situations are doctrines which allow avoidance of a contractual obligation based on »mistake.« The reported decisions are far more likely to support the defense in cases of »mutual mistake«, than in cases of »unilateral mistake«, but even then the availability of the defense is limited.

A leading U.S. statement of the law of mutual mistake is in the *Restatement (Second) of Contracts*. Section 152(1) in relevant part provides:

> Where a mistake of both parties at the time a contract was made as to a basic assumption on which the contract was has a material effect on the agreed exchange of performances, the contract is voidable by the adversely affected party unless he bears the risk of the mistake . . .[50]

The rule is not available where one party assumed the risk, either expressly in the contract or by virtue of its knowledge about the circumstances.[51]

In U.S. law, the idea of avoiding a contract because of mutual mistake is a relatively limited doctrine, reflecting the fact that it runs contrary to the basic

ments of the promotion. Telemarketing is a defined term which includes a campaign to induce the purchase of goods or services »by use of one or more telephones«. 16 CFR 310.2(u). While electronic medium used in electronic contracts might entail use of telephones under this rule, a number of exemptions will ordinarily exclude online contracting and focus the rule on cases of telephone solicitation, rather than on all cases involving telephones used in a marketing or contracting environment.

48 Door-to-door sales are subject to a mandatory right of withdrawal (rescission). FTC rules define a door-to-door sale as one involving consumer goods or services in which »the seller . . . personally solicits the sale . . . and the buyer's agreement . . . to purchase is made at a place other than the place of business of the seller.« 16 C.F.R. 429.1, note 1(a). FTC rules exempt transactions conducted and consummated entirely by mail or telephone without »any other contact« between the parties prior to performance of the contract. The focus of the rules and resulting withdrawal period are to protect against deception and high pressure techniques possible in in-home environments. The better view is that electronic contracting typically does not entail »personal solicitation.«

49 In addition to the theories noted in the text, it could be said the U.S. statute of frauds, when applicable, allows avoidance of a contract in that, in theory, it prevents a party from enforcing the contract unless it is represented in a sufficient, signed writing. Under both Article 2 and UCITA, however, the statute of frauds prevents assertion only of entirely executory contracts. See UCITA § 201; UCC § 2-201. Performance offered and accepted precludes assertion of the defense as to that performance.

50 *Restatement (Second) of Contracts* 152 (1981).

51 *In re Schenk Court, Inc.*, 69 B.R. 906 (Bankr. E.D. N.Y. 1987).

tenant of contract law that the parties *by their agreement* allocate risks and undertake opportunities. The *Restatement* comments:

> Before making a contract, a party ordinarily evaluates the proposed exchange of performances on the basis of a variety of assumptions with respect to existing facts. Many of these assumptions are shared by the other party, in the sense that the other party is aware that they are made. The mere fact that both parties are mistaken with respect to *such an assumption* does not, of itself, afford a reason for avoidance of the contract by the adversely affected party.[52]

This implies simply and correctly that mistake principles are not used to set aside bargains simply because the bargained for exchange proved to be disadvantageous for one party.

Avoidance of a contractual relationship because of mutual mistake is an unusual remedy, not casually undertaken. It is generally not appropriate in situations where the complained of mistake is simply that the one party's expectations of gain under the transaction are not achieved.[53] Similarly, relief is not appropriate where the transaction was undertaken amid acknowledged uncertainty and as events materialized the uncertainties worked to the detriment of one party. Allocation of risk in such cases should be in the contract, not in the after the fact review of a court.

The *Restatement* states: »A mistake is a belief that is not in accord with the facts.«[54] The comments to this section of the *Restatement* further point out that the idea of »mistake« as used in this area of law does not »refer to an improvident act, including the making of a contract, that is the result of such an erroneous belief.« Thus, to establish a basis for relief under this standard of mutual mistake, it is not sufficient to show that entering the contract proved to have been improvident.

The *Restatement* provides that relief for mutual mistake is not to be granted where the adversely affected party bears the risk of the mistake.[55] It goes on to provide: »A party bears the risk of a mistake when . . . the risk is allocated to him by agreement of the parties, or . . . the risk is allocated to him by the court on the ground that it is reasonable in the circumstances to do so.[56]

While the *Restatement* suggests a broader applicability, case law in most U.S. jurisdictions looks even less favorably on claims to rescind a contract based on claims of »unilateral mistake.« As a general principle, unilateral mistakes do not absolve compliance with a contract. Each party should protect its own position in reference to the handling of errors and the like. This common law principle has been somewhat readjusted in modern case law to hold that the

52 *Restatement (Second) of Contracts* 152, *Comment a* (1981).
53 See *Leasco Corp. v. Taussig*, 473 F.2d 777 (2d Cir. 1972).
54 *Restatement (Second) of Contracts* 151.
55 *Restatement (Second) of Contracts* 152(1) (1981).
56 *Restatement (Second) of Contracts* 154 (1981).

unilateral mistake allows an avoidance of the contract if enforcement against the party making the mistake would be oppressive and rescission of the contract would impose no substantial hardship on the other party.[57] In practice, few such claims of rescission are granted in U.S. courts, with the dominant policy being that the other party (the one who did not labor under the supposed mistake) is entitled to the benefit of the contractual arrangement that it established.

In Internet, especially with respect to open-context transactions, the law of mistake may have a particularly significant role.[58] Consider the case of a customer who claims to have mistakenly entered an identification code for a $1,000 software package, having intended to enter the code for a $20 video game. The message offering to purchase the software is received by the vendor's computer system, a cash debit is entered on the customer's debit card, and the software is automatically shipped. When the software package is received, what are the customer's rights? Obviously, at least where the software is in an unopened package (as compared to having been downloaded online or contained in a package that was opened), most reputable vendors will entertain the customer's claim of error if coupled with prompt return of the package. This is a matter of good business practice, however, rather than of legal mandate.

Suppose that the vendor doubts that there was an error. What is the customer's ability to rescind the contract? The answer may lie in how the law of mistake applies in this case where one party claims mistake and the other party is represented by an automated system (an electronic agent) that accurately responds to the information it receives. There is no U.S. case law on point, but the matter may turn on whether the events are treated as mutual or unilateral mistake. Arguably, the electronic agent did not act on a mistaken impression, but on the fact of the order as received. Mistaken intent often is not sufficient to vitiate a contract, especially in the case of a unilateral error.[59]

57 3 *Corbin on Contracts* 608. See Calamari & Perillo, *The Law of Contracts* 9-27.

58 We are here discussing the case where one party (or both) makes a mistake. Another source of error might come in the transmission itself. In the U.S., as between buyer and seller, in cases involving errors by telegraph companies, the majority approach is that the sender of the message is liable for errors created by the intermediary it chose to communicate the message unless the other party should have known that the message was mistaken. See *Calamari & Perillo, The Law of Contracts* 2-24. See also 1 *Williston on Contracts* 94. A minority position exists which holds that no contract exists in such a situation because the sender is not responsible for the actions of an independent contractor. *Restatement (Second) of Contracts* 64, Comment b. This rule applies even if the intermediary service provider was not an agent of the sender. The *UNIDROIT Principles of International Commercial Law* state: »An error occurring in the expression or transmission of a declaration is considered to be a mistake of the person from whom the declaration emanated. *UNIDROIT Principles* art. 3.6.

59 There is, of course, a practical solution for the conceptual problem. The use of a system which requires reconfirmation of the order, such as by displaying the name and price of the ordered software, and requesting a second indication of intent to order it, would go a long way toward vitiating any claim by the customer that a mistake actually occurred.

UCITA provides a right of rescission that does not depend on mistake doctrine; a similar right is provided for in UETA.[60] The UCITA provision gives a consumer the right to rescind the results of its mistake occurring in an automated transaction of the type described above. For this right to apply, several things must be established:

- the electronic system of the vendor must not have provided a reasonable method to detect or avoid the error
- the consumer promptly notifies the other party of the error
- causes delivery to the other party of all copies of the information or, pursuant to reasonable instructions received from the other party, delivers to another person or destroys all copies; and
- has not used or received any benefit from the information or caused the information or benefit to be made available to a third party.

This rescission right is limited in UCITA to cases involving consumer because in business-to-business transactions, the equities entailed in particular contexts are not predictable. The provider might, for example, be linked into a just in time inventory system and have made numerous, irrevocable commitments based on the message before being notified of the mistake. If the statutory right does not apply, the general law of mistake governs the right to rescind the transaction.

IV. *Responsibility for the Contract (attribution rules)*

While Internet contains a huge number of transactional and other efficiencies which provide a new world of commerce for consumers and business, the fundamentals of Internet create anonymous forms of transacting business. When I receive e-mail or other messages over Internet, unless there are indicia in the message on which I can rely, I have no idea of who the sender of the message may be. When anonymity is placed in a context in which the messages of the parties are intended to have binding and legally significant effects, the context creates

The core question is when a party can be held responsible for message purporting to have come from that party of its agent. When can the message be *attributed* to that party? For our purposes, we can approach this issue in terms of three levels or contexts in U.S. law.

60 See UCITA § 216 (1999 Approved Draft).

a) *Attribution in the Absence of any Special Arrangement*

The easiest case to state conceptually, but the most difficult for the parties occurs in the situation where there are no special arrangements between the parties as to how one identifies the other and there are no specific applicable laws providing guidance on this matter. This context can be viewed as the most basic form of an open system: in effect, it assumes that I send a performance based on your e-mail and that when you receive that performance you assume that it is from me because of my e-mail to you, neither one of us having dealt with each other before.

To a lawyer, this type of transaction appears to be the height of folly. But it occurs constantly in all commerce. It is based on the proposition, true empirically, that the vast majority of all transactions do not involve fraud or deception, but a coming together of two parties who desire to and in fact do fully perform the agreement. Of course, as the stakes grow higher, the likelihood of willing reliance on this open model becomes less, but in ordinary commerce, it is common.

The legal framework is relatively clear-cut. The obligation or burden to establish that a message or performance should be attributed to the other party is on the person who seeks to rely on that attribution. If you wish to establish that you obtained a copy of my copyrighted software from me with authority to use it, the burden is on you to establish that the message or the software came from me or from a person authorized by me to send it. If I wish to obtain payment from you for the television that I shipped based on a message that may have come from you, it is up to me to establish that the message came from you or a person authorized by you to send it. This is the situation in most states in the U.S. regarding electronic commerce, including those states that have enacted legislation validating the use of electronic signatures and electronic records, without stating more about their effect. It is the position adopted in both UCITA and UETA applicable to this open context. The UCITA formulation reads:

> An electronic event is attributed to a person if it was the act of that person or its electronic agent, or the person is otherwise bound by it under the law of agency or other law. The party relying on attribution of an electronic event to another person has the burden of establishing attribution.[61]

How one goes about proving this in an open environment is unclear and may depend on the context in cases where attribution is disputed. For example, if I can show that I shipped the television to your address and that it is currently in

61 UCITA § 214(a) (1999 Approved Draft).

your living room in use, I have gone a long way toward attributing the order to you or your son. If your son, it is likely that I can infer he was acting as your agent or that, at least, you ratified his acts by keeping and using the television. On the other hand, the case is more difficult in the trade in services or information, where tangible indicia may not exist to support my claim.

b) *Attribution When Using a Procedure*

The second context occurs when the parties have allegedly engaged in a transaction using a procedure established by agreement or by law for purposes of identifying themselves. UCITA describes this type of procedure as an »attribution procedure.« UETA describes it as a »security procedure«, a perhaps confusing use of a term also used in Article 4A of the UCC with a much different legal effect. In any event, the concept is the same: the key additional ingredient in this context is the existence and use of a procedure that better enables identification of a party.
The policy question here is what effect should be given to the use of that procedure? This issue is under heated dispute in the U.S. (and internationally), having generated conflicting schools of theory whose debate sometimes approaches a degree of bitterness out of keeping with the context itself.

> While there are many nuances in the various approaches taken, there are three general models.

The first has been described as some as a »minimalist« approach, but might better be described as on relying on rules of evidence and the commonsense of courts to resolve cases in the event of a dispute. This approach is reflected in both UCITA and UETA, each of which provides that in reaching a decision on attribution of a message or performance, a court should consider the character and effectiveness of any attribution (security) procedure used by the parties. This same concept can be inferred as the law in those U.S. jurisdictions that have not adopted any particular legislative approach to this issue.
The strength of this approach is that it is open-ended and will allows standards and technological approaches to develop over time. The weakness, however, is that this open-ended approach provides little guidance for assessing risk in creating a system, conducting a transaction or, indeed, in receiving a performance. Also, it provides little incentive to develop effective systems of attribution except the obvious practical incentive that the better the system, the more defensible it will be in the case of litigation.
The second approach is exemplified by the Illinois electronic signature statute which generally validates the use of electronic signatures and records, but

goes further to deal with so-called secure electronic signatures. This concept entails electronic identification technologies that achieve enhanced levels of reliability as gauged by standards in the Act. When these are used (as an attribution procedure) by the parties, the statute creates various *presumptions* about attribution and the absence of error in a message. The presumptions, while rebuttable, provide the relying party with some advantage in the event of litigation. The effect, arguably, is to create an incentive for use of better procedures and to provide some guidance for risk assessment and structuring attribution procedures in commerce.

The third approach is commonly associated with Digital Signature statutes, but is more generally described as an approach that gives strong legal benefits associated with the use of reliable attribution systems. For example, Article 4A of the UCC, dealing with electronic funds transfers, provides that the burden of establishing attribution shifts if the parties established and used a commercially reasonable attribution (security) procedure.[62] Digital Signature statutes have been enacted in four U.S. jurisdictions. The original prototype was enacted in Utah. The statutes generally create certification systems and give enhanced legal status to electronic exchanges made using particular technologies within that certification process.

The Utah Digital Signature Act (*Signature Act*)[63] sets out a system for certification authorities and public key encryption to encourage use of »digital signatures« involving enhanced security and authenticity attributes. The goal of the *Signature Act* is to »facilitate commerce by means of reliable electronic messages.« A »digital signature means a transformation of a message using an asymetric cryptosystem such that a person having the initial message and the signer's public key can accurately determine: (a) whether the transformation was created using he private key that corresponds to the signer's public key; and (b) whether the message has been altered since the transformation was made.[64] The *Signature Act* adds a system of licensed entities who can issue, control and certify keys for the public key encryption system. The certifying authority issues and maintains the security and accuracy of the key. Complying with the requirements gives two results: One involves the reality of security and authentication: these systems are in fact more reliable than many other systems. The second is in the legal consequences. The *Signature Act* provides that the use of a »digital signature« coupled with the use of a licensed certification authority to issue and control security of the keys, means that the resulting signature *and* text of an electronic message constitute: a signature under applicable law, a writing under applicable law, an original of the docu-

62 UCC § 4A-203.
63 46 Utah Code Ann. ch. 3, Utah Administrative Code RI 54-2-101, et. seq.
64 *Signature Act* 103(10).

ment under applicable law, and an acknowledged writing or signature under applicable law.[65]

In the *Signature Act,* for attribution of messages the key measure lies in the control of the private key issued to a user of the system. The *Act* links liability or attribution to use and control of that key. It imposes liability on the customer if the customer failed to exercise reasonable care in control of the private key and that failure resulted in a loss to another party. This choice reflects the importance of the key to the reliability of the system. The Utah Act itself suggests that other states might adopt different approaches. The alternatives suggested range from strict liability for any use of the key to a system of imposing liability on consumers for lack of reasonable care, while holding all other key holders to a standard of diligence defined in part in terms of having used reasonable security procedures as against an intruder.

The long term position of the U.S. and its states on the choice among these approaches can best be described as in flux. States laws differ on approach. A former draft of UCITA contained an approach modeled after the »commercially reasonable« standard of Article 4A. At the meeting that adopted both UCITA and UETA, this Article 4A approach was deleted in favor of an approach parallel to UETA by a narrow majority vote (63 – 60). The ultimate federal position on the issue is unclear.

c) *The Role of Contract*

As we have seen, one way to establish an attribution or security procedure is by agreement of the parties. However, the contract has a potentially broader role. Consider the following case:

> WestCo and Customer agree to allow Customer to access WestCo databases for a fee of $1000 per hour of actual access time. The parties agree that Customer will use an ID code to access the databases and that this code will identify customer. Additionally, the parties agree that Customer will be responsible for the cost of any use of the databases made pursuant to its ID code.

This agreement not only establishes an attribution procedure, but specifies the effect of use of that procedure: Customer is responsible for uses made pursuant to its code.

Both UCITA and UETA expressly provide that the effect of their provisions can be varied by agreement, except as otherwise indicated, and both statutes permit modification by agreement of the effect of the use of an attribution (security) procedure. This same approach is also apparently true in states that

65 *Signature Act* 401-405.

have not expressed a legislative position on the efficacy of attribution procedures. The policy judgment made in UCITA and UETA is that market forces along with tradition contract law doctrines about avoiding fraud and unconscionable terms adequately control for potential abuse in the marketplace.
A different approach is possible, For example, the Article 4A formulation of the effect of a security procedure limits the effects of a procedure created by agreement to only those cases where the procedure is commercially reasonable. An earlier draft of UCITA, modeled after Article 4A, also provided that the rules it established and the effect of an agreement on attribution were limited only to cases involving commercially reasonable procedures. These rules were deleted when the UCITA approach was modified to conform to UETA on this point.

d) *Liability Limitations*

Attribution issues are ultimately connected to the policy question of how to allocate the cost and risk of fraud. In Internet transactions, especially those involving information and services, the risk of fraud moves in both directions.
In the U.S., loss and risk allocation for fraud in analogous situations is approached in a number of different ways, depending on the nature of the system involved. For example, in the traditional check system, the risk of loss for forgery is generally placed on the person who took the forged check from the thief or on the drawee bank if it did not discover the forgery of its customer's name. The loss remains there unless the customer (or other party) was negligent and that negligence contributed to the forgery. In the telephone system, in contrast, the loss is generally placed (in law if not in practice) on the customer whose equipment is fraudulently used for unauthorized long distance charges.
The most widely known loss allocation system entails liability caps placed to protect the consumer in cases of fraudulent use of the consumer's credit card. A relatively low maximum liability is permitted. This in effect precludes the card company from collecting against the consumer. As between the card company and merchants, the agreement typically shifts the loss to the merchant. The merchant is then faced with accepting the loss or attempting to prove that, in fact, the use of the credit card is properly attributable to the consumer.
The credit card rules, of course, apply to Internet transactions involving a credit card. Beyond that, however, none of the existing or proposed laws relating to Internet attribution place liability limits on consumer transactions. The reason lies in the rich diversity of Internet commerce. This is a setting in

which vendors may range from huge corporations to single individuals, while purchases occupy the same range.

Conclusion

As this summary indicates, U.S. law dealing with the basics of contract on the Internet is in flux, but beginning to establish patterns and approaches to the unique problems of electronic commerce. While often embodied in new legislation, these draw directly from traditional contract law principles and support a fundamental notion of contract choice and contract freedom in the Internet that reflects the fundamental nature of basic U.S. contract law.

Conclude a Contract Through Electronic Agents[1]?

Yves Poulle, Namur

Contents

Chapter 1:	Electronic agents as a tool to conclude contracts	67
Chapter 2:	Enforceability of the Contracts concluded through Electronic Agents: the European Answer	69
Chapter 3:	First Attempts of solutions	72
	A. Artificial intelligence and legal personhood	74
	B. The electronic agent as a way for the trading partner to express his own will	77
Chapter 4:	The theory of the appearance: a new solution?	78
Conclusion		83

1. The »global world« of electronic commerce is expanding in a tremendous way. It is no more simply the fact of business like it was in the eighthies' with the development of the first E.D.I. transactions; but more and more consumers are achieving transactions through the net[2]. In order to support this development, »there is an increasing demand for clarity in the rules which apply to the participants and their transactions«[3]. Any legal uncertainty might affect the use of the new technologies and slow their development. Matters like the validity or enforceability of electronic agreements and the legal value of electronic evidentiary traces are pointed out. How will courts determine the operative terms of on line contracts? To what extent, the parties might be liable for damages occurring in case of defective transactions or defective performance of electronic transactions? Which kind of self-regulatory mechanisms are acceptable to solve the possible litigation and which national law will be available?

1 This paper has been written in the context of the Eclip project financed by the European Commission (DG. XIII, Esprit programme). This project, joining together five research centres specialised in Computer Law (ITM (Muenster), Crid (Namur), QMW (London), NRCCL (Oslo) and CEDIB (Spain) aims to foster research in the legal aspects of the electronic commerce. The outputs of the research are available on the ECLIP web site at http://www.jura.uni-muenster.de/eclip/.

2 On that trend, M. Chissick and A. Kellman, Electronic Commerce, Sweet and Maxwell, 1999, especially the introductory chapter, 1-15.

3 New Zealand Law Commission's report on Electronic Commerce, introduction to chapitre 3 (available at http://www.lawcom.gov.nz/Ecomm/R50chap3.htm).

Many recent national and international texts are dealing with most of these questions. One can quote international texts like the Uncitral Model Law on Electronic Commerce[4], European ones like the Distance Selling Directive[5] or more recently the very debated draft proposal Directive on certain aspects of the electronic commerce[6] and finally a large number of national regulations pending or already adopted especially the article 2B of the United States Uniform Commercial Code[7].

2. Amongst these various contractual issues, the present contribution will deal with only a specific topic: it intends to solve the difficult problem of the legal validity of contracts concluded with the help of electronic agents: in other words, »Can computers make contracts[8]«, considering the traditional legal requirements of the so called Civil Code principle of the »autonomy of the will«[9] more or less analogous with the traditional Common Law contractual element: the »intent to create legal relations«[10]. Our concern is thus whether computer-generated contracts or computer-assisted contracts are legally binding contracts.
The reason to analyse this particular point is the following: the recent European draft directive although it addresses many of the legal issues around electronic contracting does not explicitly envisage the point. Therefore, we would like to see to what extent clear regulatory solutions are needed, especially from a »Code Napoleon« lawyer's perspective, on these points taking into consideration the fact that outside Europe, the legislative way has been followed in order to abolish any uncertainties about the validity of the electronic transacions[11].

4 Uncitral Model Law on Electronic commerce with Guide to Enactment, 1996 available at http://www.innov.un.or.at/uncitral.

5 Directive 97/7/EC.

6 COM (1998) 297 final.

7 Presently still in discussion, on this article and the multiple provisions contained therein, see notally the proceedings of symposium organised about The Uniform Commercial Code proposed article 2B published by the John Marshall Journal of Computer & Information Law, 1997, Vol. XVI, 2 (particularly the Introduction written by the father of the presently discussed American Legislation, R.T. Nimmer, 211-255).

8 following the title of the famous article published in 96 by T. Allen and R. Widdison, Can computers make contracts?, (1996) Harvard Journal of Law and Technologies, 25 and ff.

9 as regards this principle considered as the fundament of the enforceability of the contract, see the analysis of comparative law proposed by G. Rouhette, Contribution à l' étude critique de la notion de contrat, Thèse, Paris, 1965, 1-66.

10 See notally, Chitty on Contracts, paras 2.105-2.120; Cheshire and Fifoot's Law of Contract, Chap. 5.

11 As Prof. Nimmer did recognise in his first article on the subject (R.Nimmer and P. Krauthouse, Electronic Commerce: New Paradigms in Information Laws, (1995) 31 Idaho Law Review, 949): »Some might favor an approach to development of modern commercial law that requires fitting electronic practice and the law that governs it into these old paradigms developed for paper, hard goods and the other traditional venues around which commercial law was organized. But fitting new models into old forms takes too much from both.«; Com-

Chapter 1: *Electronic agents as a tool to conclude contracts*

3. The concept of »Electronic agent« under article 2B-102(a)(21) of the draft Uniform Commercial Code of the United States means[12]: »a computer program or other automated means used by a party independently to initiate or respond without review by an individual to electronic message or performances on behalf of that person«. It is quite clear that this concept encompasses a lot of intelligent agents[13] used for contractual purposes. Traditionally, E.D.I. systems in the strictest sense that is to say »computer to computer exchange of information in predetermined format«[14] have been viewed as the first case of electronic agent used for contractual bargain and we will come back to the reflections already done in that context[15]. But since the development of Internet, new Electronic agents have been developed both from the service provider's point of view: the »Demand Agents« and from the client's point of view: the »Decision Agents«[16].
Among the first class, we might enumerate the various automated systems, which might answer automatically to the request of the client and propose the adequate transaction taking into account his demand.
The second class is currently in development. A large number of »buying agents« are able to automatically compare the products or services proposed by different service providers in order to find the desired product from the

pare with the cautious attitude taken by M.B. Andersen on the same topic: »The question whether legislators take up the challenge of electronic commerce and legislate for it should in my opinion be answered on a need to have a basis . . .« (M.B. Andersen, Electronic Commerce: A challenge to private Law?, Centro di studi e ricerche di diritto comparato e straniero, Saggi, Conferenze e Seminari, Vol. 32, Roma, 1998, 28).

12 The text of the February draft of the article 2B is available at http://www.law.upenn.edu/library/ulc/ucc2/2b298.htm

13 Pattie Maes proposes the following definition: »programs that are capable of reacting with an environment, adapting themselves to circumstances, taking decisions or refining their own behaviour on the basis of the observations made by them« (Intelligent Software, Scientific American, Vol. 273, n° 3, 84-86)

14 See among others, A.H. Boss, the legal status of Electronic Data Interchange in the United States, Paper as part of the Eltrado Project (funded by the Volkswagen Foundation), July 92, 1.

15 As regards the fact that EDI messages might be generated automatically, see already the statement done by the U.N. working Group on International Payments, Peport before the General assembly, 24th sess., A/CN. 9/360, 23: »It was stated that, in practice, the decision of accepting an offer in such a context typically required an human intervention. However, it was observed that it was technically feasibe to program a computer so that it would automatically react to an offer by sending a message of acceptance or by adopting a conduct that amounbted to acceptance. It was genrally admitted that such pre-programming should constitute a presumption that the programming party has intended to approve the sending of a message of acceptance or to any conduct of the machin under his control. . . .«

16 On that distinction, see the interesting presentation made by S. Gauthronet and F.Nathan, On line services and the protection of Privacy, Study for the Commission of the European Community (D.G. XV), 35-40.

infinite supply or offers existing on the internet[17] or to select the adequate web site following different criteria proposed to web site users. Let us add both that these buying agents might be incorporated inside of the computer system of the client or offered by specialised companies which are offering this kind of service at the demand of a user and that this user might be a simple consumer or a company[18].
Perhaps a third class of Electronic agent has to be envisaged: certain companies using intelligent agents are now acting between users and providers. At this point, the Camif example ought to be pointed out: »the Camif Group provides its visitors with its own intelligent agent, which then actually performs the function of a seller. The agent serves not just to select products of interest to the client . . . but also to automatically configure customised pages of the electronic catalogue by collecting corresponding HTML objects in the articles base. Therefore, the intelligent agents are virtually sales persons and advisors which are also able to perform linked sales of accessories«[19].

4. So, in an open system like Internet, the electronic agent's concept might not be limited to the electronic agent developed from the supplier's information system. Contrary to the traditional E.D.I. scheme, the concept covers situations which are concerning not only business companies but also residential users[20] and it encompasses also various systems which do not have the role to fully achieve the transaction but only to help to select the adequate partner. In that case, the problem, which might occur, is the error on the quality of the contracting party. To take an example, if I use a P.3.P. Software system in order to select the companies which are respecting my privacy preferences but due to the malfunctioning of the system, I contract with a company which is not privacy compliant. The judge will view this fact undoubtedly as an error about the quality of the contracting party, this quality being considered as important insofars I employ ad software especially for this purpose.
5. Finally, another difference between modern electronic agents and EDI systems might be underlined. Whereas EDI contracting programs are operat-

17 Like e.g. Bargain Finder developed by Andersen Consulting or Challenger developed by the MIT. The Bargain Finder systems allows the users interested by music compact discs to find the places where to find the desired music C.D. and to provide the needed hyperlinks to order it.
18 See for examples of the implementation of electronic agent in electronic commerce operations, The list of projects funded by the E.U. Commission described at http://www.ispo.cec.be/Ecommerce/agent.htm#report.
19 The functionning of this third category of electronic agent is raising a certain number of question about the Data protection of its users sofar that the supplier of the service will be able to profile the habits and preferrences of the users in order to help him ti select the appropriate web sites.
20 On that point, see D. Griffiths, Contracting on the Internet, (1997) 13 E.I.P.R., 4.

ing following very simple and stable pre-programmed instructions, »computer systems are now emerging that can operate not just automatically but autonomously. Autonomous machines can learn through experience, modify the instructions in their own programs and even devise new instructions. They can make decisions based on the self-modified or self created instructions. If autonomous computers are able to learn and modify their own behaviour in this way, a reasonable implication must be that they are capable of manifesting (or at least, appearing to manifest) human cognitive processes which we associate with the exercise of free will«[21].

Chapter 2: *Enforceability of the Contracts concluded through Electronic Agents: the European Answer*

6. The use of Electronic agents for the purposes of entering into contracts raises questions related to the existence of consent of the party using the agent. To what extent might we consider that the automated assent delivered by an electronic Agent will be viewed by the Courts, as a »consent to be bound«? The answer is unclear. Furthermore, software errors might happen and Electronic agents might unexpectedly assent to contractual terms or with a party in a way not reflecting the actual intent of the contracting persons. Independently of the liability issues raised by the use of the software and to be supported either by the furnisher of the software or the user of it, the question arises if the party »assenting« only in an apparent manner will be bound.

7. The European Draft proposal of Directive[22], as already asserted, does not answer to the question. As underlined by Rosa Barcelo[23], the proposal does not mention explicitly the problem of the Electronic agent in the recitals and in the provisions. The only explicit reference is in the explanatory Memorandum about article 9 of the draft Directive. The Memorandum asserts that ». . . for the purposes of incorporating this article (the article 9) into their legislation and enforcing the obligation, the Member States will have to not prevent the use of certain electronic systems as electronic agents«. It is quite difficult to deduce from this explanatory Memorandum a clear assertion that

21 T. Allen and R.Widdison, op.cit. and their multiple quotations to scientific articles about artificial intelligence.

22 Already quoted footnote 6. Till now, no modifications have been proposed as regards this specific provision.

23 R.J. Barcelo, Electronic contracts: A new legal framework for electronic commerce: the E.U. Electronic Commerce Proposal, C.L.S.R.,15, n° 3, 1999, 153.

the different European legal systems have to recognise the validity of contracts concluded wholly or partly electronically.

Could we consider the text of the article 9.1 of the Draft Proposal as a fundament for this recognition? The text says: »Member states shall ensure that their legislation allows contracts to be concluded electronically. Member States shall in particular ensure that the legal requirements applicable to the contractual process neither prevent the effective use of electronic contracts nor result in such contracts being deprived of legal effect and validity on account of their having been made electronically«. This article contains a very far-ranging obligation on the Member states to amend their national laws to »identify everything which might in practice prevent the »effective use« of electronic contracts« at any moment of the contractual process including formation and performance of the contract.
The first commentators[24] of the Directive have underlined the fact that this provision was an evidentiary rule focused only on the formal legal requirements existing in the different Member States, like the requirement of »writing« or other regulatory formalities aimed at protecting consumers or achieving administrative purposes. Another interpretation might be developed insofar the text refers explicitly not only to the effect but also to the validity of the contract of electronic contracts. Indeed, except in rare cases[25], the evidentiary rules are not a question of validity of the contract but raise only a problem as regards the proof of the contract. So, it might be argued that the article 9.1 also covers the problem of the consent, which is a question of validity.

8. A certain support to this interpretation might be found in the interpretation given explicitly by the Uncitral to a comparable provision. Article 11 of the Uncitral Model Law on Electronic Commerce provides: ». . . Where a data message is used in the formation of the contract, that contract shall not be denied validity or enforceability on the sole ground that a data message was used for that purpose.« The article-by-article comment of this article is particularly interesting: »However the provision is needed in view of the remaining uncertainties in a considerable number of countries as to whether contracts

24 R.J. Barcelo, eod.loco; C. Kuner, First Thoughts on electronic contracting under the proposed E.U. »E-Commerce Directive«, paper presented at the ECLIP workshop held at Palma, march 99; to be completed.

25 Certain cases where the evidentiary requirements are a question of validity of the contract are mentioned in article 9.2. (contracts requiring the intervention of a notary; contracts governed by family law; . . .) and will not be subject to the general principle embodied in article 9.1. Other cases do exist like for example, at least in Belgium, the requirement to have a writing in order to create certain kinds of companies and will be subject to the principle of article 9.1.

can validly be concluded by electronic means. Such uncertainties may stem from the fact that, in certain cases, the data messages expressing offer and acceptance are generated by computers without immediate human intervention, thus raising doubts as the expression of intent by the parties . . .«. However, the argument founded on the Uncitral precedent does not seem totally convincing. The validity of contracts concluded automatically by electronic means is founded under the Uncitral Model Law not on the sole article 11 but rather on the article 13 which clearly envisages the problem asserting in its second paragraph that:

> *»As between the originator and the addressee, a data message is deemed to be that of the originator if it was sent:*
> *a) . . . ;*
> *b) by an information system programmed by, or on behalf of the originator to operate automatically«.*

So, it seems that the simple reference to the legal obligation imposed to the Member States not to deprive of validity contracts concluded by electronic means on the sole ground that they have been concluded so, is not sufficient to ensure the validity of the contracts concluded by electronic agents. The article 9.1 of the draft Directive[26] does not suppress the positive contractual requirement imposed by the national legislation to have a manifestation of assent expressed by each contractual party. The only solution would have been as it is the case under the Uncitral model or in the U.S. draft legislation[27] to add to

26 Let us add furthermore that the wide scope of the provision and the obligation imposed to the Member States will create problems of interpretation on the part of the different Member states implementing the Directive.

27 The U.S system provided by the new version of the U.C.C. still in discussion is quite intricate: the section 2B-111 about »Manifesting assent« says:

> *»A person or Electronic agent manifests assent to a record or term in a record if the person, acting with knowledge of, or after having an opportunity to review the record, term of copy of it, or if the electronic agent, after having an opportunity to review:*
> *(1) authenticates the record or term;*
> *(2) in the case of the conduct or statements of a person, the persons intends to engage in the conduct or make the statement and has a reason to know that the other party may infer from the conduct or statement that the person assents to the record or term;*
> *(3) in the case of operations of an electronic agent, the electronic agent engages in operations that the circumstances clearly indicate constitute acceptance;*
> . . .

This first provision is completed by the section 2B-112 which defines the »opportunity to review«, as a precondition to manifesting assent to a record:

> *»A person or Electronic agent has an opportunity to review a record or term only if the record or term is made available in a manner that:*
> *(1) . . .*
> *or*
> *(2) in the case of an electronic agent, would enable a reasonably configured electronic agent to react to the record or term.«*

the provision in discussion another one asserting clearly that a message is attributable to a party if it is sent by that party, its agent, or its electronic agent programmed to operate automatically for that purpose.

»In attributing the act of the electronic agent to the person who uses that agent (to adopt the expression of the UCC) or, in attributing the act of an information system programmed by or on behalf of a party (to use the Model Law's expression), they also serve to prevent any disavowal of intention to create legal relations by the person«[28].

9. Considering the fact that no explicit legislative solution is to be found in most of the European legal systems, how can we ensure the legal validity of contracts concluded through or with the assistance of electronic agents? Our answer will deal only with the Code Napoleon legal systems even if certain reflections drawn from other legal systems will be made.

Chapter 3: *First Attempts of solutions*

10. The problem is not absolutely new. It has been dealt with in the context of the validity of EDI or EFT transactions[29]. However, the discrepancies between the contractual situations created in the context of EDI and EFT transactions and those envisaged now under the concept of contracts concluded through Electronic agents are quite important. Particularly, the EDI transactions[30] were taking place very often within a closed users' group between business parties in continuous relationship. That is why, the problem of the validity of the transactions concluded electronically might find an easy contractual solution: Article 3.1.of the recommendation of the European model EDI agreement estates that »the parties, intending to be legally bound by the agreement, expressly waives any rights to contest the contracts effected by the use of EDI in accordance with the terms and conditions of the agreement on the sole ground that it was effected by EDI«. In other terms, between well identified parties, it is quite easy to put within a traditional paper based

28 New Zealand Law Commission Report on Electronic Commerce, op.cit., n° 63.

29 See e.g. L.Elias, J. Gérard, G.K. Wang? Le droit des obligations face aux échanges de données automatisées, Tedis Report, publié comme Cahier du Crid, n° 8, Kluwer, Story-Scientia, Bruxelles, 1992, Particularly, 33-47; R. Julia Barcelo, La formacion del contrato por medios electronicos, Thesis, UIB, Spain, to be published and the large number of articles and reports quoted by the autor, 222 and ff.

30 As regards EFT transactions, they are taking place between contractual parties (see on that point, Y. Poullet, X. Thunis, (to be completed).

document considered as a »contrat-cadre«[31] (framework-contract) a provision asserting that all the transactions Carried out on the basis of this contract will be validly concluded by the sole use of electronic means and might not be disavowed by the parties for this reason. So, in the context of an Interchange Agreement concluded prior to the beginning of electronic transactions, it is easy to make clear that between the future trading parties, the computer generated transactions will be considered as binding. This solution has been broadly implemented in the context of EDI or EFT transactions.
In case of contracts concluded in an open environment with people not necessarily previously identified or identifiable, such a solution is more difficult[32]. »Where a global contract, regulating the essential aspects of the different following transactions concluded in the context of this global contract does exist, the enforceability of the following transactions is based on the provisions of this global contract even if they are concluded and realised through electronic means«[33]. So, the question to know if the validity of a contract concluded through electronic agents might exist independently of any global contract is still to be debated[34].

11. Different solutions have been advanced to overcome this legal obstacle. Briefly, we can distinguish solutions that recognise electronic agents as a legal person, able to have their own will and thus able to conclude contracts on their own or on behalf of the party involved in the transaction. In these first solutions, the holy doctrine of the »autonomy of the will« is not jeopardised.
A second category of solutions has been defended notably by French authors concluding that the conclusion of contract through electronic means is the result of a pre-programmed will. This solution does not challenge the legal requirement of the intent to create legal obligations.
The last one is more revolutionary insofar as it considers that the parties might be bound even if there is no intention to be bound. This third way to solve the

31 Zaki (Le formalisme conventionnel; Illustrations de la notion de contrat cadre, (1986), 4, RIDC, 1066 defines as follows the notion: »Le contrat cadre désigne l' accord qui a pour objet non la livraison d' une chose ou la prestation d'un service mais la prescription du contenu, des modalités et de la forme des futurs actes juridiques.« The concept of contrat cadre is typically a code civil concept used by continental legal systems. It seems that the concept has not been adopted by the anglo-saxon doctrine. On that point, see D. Tallon, V. Palmer in A. Sayag (ed.), Le contrat cadre: 1- Exporation comparative (France, Allemagne, Italie, Angleterre, Etats-Unis), Coll. Le droit des Affaires, Paris, Litec, 1994, 220 andff.

32 About that characteristic of Internet and their consequences on the regulatory approach, J. Kaufman Winn, Open systems, Free markets, and regulation of Internet Commerce, 72 Tulane L.Rev. 1177 (1998).

33 L. Elias and alii, op.cit., 40.

34 See already, T. Allen, Electronic data interchange and the formation of the contract, Proceedings of the Third National Conference on Law, Computers and artificial Intelligence, Aberyswyth, 1992, 3 and ff.

problem is justified upon the recent doctrine of the appearance as autonomous source of obligations. It will be developed in chapter 4.

A. *Artificial intelligence and legal personhood*

12. The first explanation recognising to the electronic agent the quality of a new legal person has been gounded on the frequent comparison made by a pseudo scientific literature between the functioning's from one side, of present and of course future generations of artificial intelligence systems and from the other side of human reasoning. According to L. Solum[35] and M.S. Willick[36], a system which achieves self consciousness that is to say which is able to learn and to decide autonomously is morally entitled to be treated as a legal person. Nothing forbids that the legal systems will recognise new subjects, as it was the case with the recognition of the legal personality to companies and other associations. Apart from this »moral entitlement« argument, other arguments are developed to justify the granting of the legal personality. So, have been advanced the arguments of the »social reality« and of the »legal expediency« founded both on the previous example of the recognition of the legal personality to companies and on the social needs of this recognition. This new legal entity might act as authorised agent on behalf of the bargaining party or might be considered as a legal person whose acts are deemed under the responsibility of the bargaining party[37]. This argumentation is subject to severe criticisms.

13. The first objection is definitively the rather limited scope of the fundament so asserted. Not a lot of electronic agents might be viewed as supporting the comparison with the human reasoning and it remains very difficult to trace the line between the systems which will be judged worthy of this legal recognition and the others. Apart from the degree of sophistication, can we consider that the assimilation will be possible?
A second objection is more fundamental: the solution needs a long legislative process. The solution does solve the problem only if all nations adopt through

35 L. Solum, Legal Personhood for Artificial Intelligences, (1992) North Carolina Law Review, 70, 1231. The reasoning held by Solum is extensively developed by Allen and Widdison, op.cit., 6.

36 M.S. Willick, L' intelligence artificielle: les approches juridiques et leurs implications, in Ordre juridique et technologique, Paris, Cahiers S.T.S., 1986, 55-80; already in 75, J-P. Buffelan, Introduction à l' informatique juridique, Paris, PUF, 5.

37 All these arguments are extensively developed by T. Allen and R. Widdison, op.cit., 6-10; Cf. also, the brillant demonstration made by R. Clarizia (Informatica e conclusione del contratto, Coll. Diritto dell' informatica, n° 5, Giuffré, 1985, 20-35) who is criticising this »umanizzarla« of the computer.

their legislations common standards in the definition of this new legal personality. This recognition is disputable considering the arguments and the reasoning held as regards the companies. If in these cases the legal personality is clearly a »procédé juridique«[38], a legal artefact founded on a legal fiction, this qualification is directly derived from the social needs as regards the legal relationships with third parties[39] and their financial consequences. This justification explains why the attribution of a patrimony to the legal personhood bearing the financial consequences of the contractual relationships is linked with the social capacity of the legal entity. Taking into account that perspective, it might be dubious that a legal personality will be attributed to electronic agents[40]. The attribution of a patrimony to a computer system has no sense. Which kind of responsibility and of contractual commitment will be supported by the computer itself if something wrong happens[41]?
The same objection might be raised as regards the schema which identifies the electronic agent[42] as an authorised representative or to be more precise an

38 On that issue, see the noticeable synthesis done by J. Foyer as regards the French legal system, La personnalité morale et ses limites, Travaux et recherches de l' Institut de droit comparé de l' université de Paris, T.XVIII, Paris, LGDJ., 1960, 112 and ff.; in the same sense, R.David, Rapport général, Travaux, 3-7. The last author underlines however the different attitude of certain american approach more based on the theory of the reality. Under this theory, the company has a natural right to be recognised as legal person because they are defending an interest different from the interest of their members.

39 »Octroyer la personnalité à un groupement d' hommes . . ., c'est constater qu'en ce qui concerne leurs relations juridiques avec des tiers il est commode de considérer tous les membres de ce groupe comme faisant un tout indivisible« (M. Waline, Droit administratif, 9th ed. 1964, n° 453). The same argument is developed by Allen and Widdison (op.cit., 7) according to the Teubner's developments (G. Teubner, Entreprise Corporatism: New Industrial policy and the »Essence« of the Legal Person, (1988) 36 Amer. Journ. of Comp. Law, 138 and ff.): »Legal persons are entities that are constructed within the legal system as »semantic artifacts« to which legally meaningful communications are attributed. In other words, entities are described as legal persons when the legal system attributes legally meaningful communications to them«.

40 Definitively for privacy reasons, the Internet user might decide to use a pseudonym or to navigate anonimously thanks to the services of an anonymous remailer as in the real world you might contract under a borrowed name but this fact is without consequences as regards the patrimonial consequences of a so concluded contract.

41 In the same sense, see J-L Gagnon, L' échange de consentements et le commerce électronique: de l' autonomie de la volonté à la »volonté« de la machine, available at http://www.droit.umontreal.ca/~gagnon: »De plus puisqu' il existe d' autres moyens, moins ridicules et à tout le moins créant moins de remous dans le droit, nous croyons que le le législateur devrait s' abstenir d' accorder une telle personnalité aux ordinateurs, autonomes ou non« and V. Gautrais, L' encadrement juridique du contrat électronique international, Thèse, Montréal, 228: »En effet, il ne sert à rien de donner cette capacité juridique à une machine dans la mesure où un lien de responsabilité, pour le moins, doit être tracé entre la machine et la personne qui est derrière. Ainsi en cas d' erreur effectuée par une machine juridiquement capable et d' un dommage consécutif, il faut de toutes les manières »attribuer« le lien de causalité à la personne physique ou morale responsable de l' opération.«

42 On this theory, J.Fisher, Computers as agent: a proposal approach to revised U.C.C. art.2, (1997), Indiana.L.J.,72, 555 and ff.: »Indeed the provision discussed below dealing with EDI's capability to form a contract without human awareness or consent reach

agent acting apparently on behalf of the final addressee of the contractual message in order to make an offer or to accept it. This theory has been developed extensively by the American author J. Fisher as a way both to explain the fundament of the new proposed provisions of the article 2 B UCC and to suggest certain modifications of the proposed text. It is quite clear that the use of the Agency paradigm is influenced by the use of the same terminology in both the technical and the legal fields but our opinion the theory does not solve anything. Indeed, the agent must be a legal person, which has been objected previously and while admitting that it will be the case, the question to know why the represented party would be committed in case of malfunctioning of the software still remains. Normally, the party is committed only if the representative has acted within the limit of his mandate[43]. Essential to the recognition of the legal personality[44] the existence of a separate patrimony is clearly needed if the legal person will play an autonomous role vis à vis third parties. In ather words, we come back with the same argument already developed against the recognition of the legal personhood of the electronic agent. Fisher himself does recognise the limitations of the Agency Paradigm, insofar as he applies only a small portion of the Agency rules to the Electronic agent case: »The parts of Agency Law which apply to computers participating in N.H.I contracts are the parts that deal with agents qua agents; the parts of Agency Law that deal with agents as humans are insensible as applied to computers«. So, for example, Fisher does exclude the application of the rules about liability of the agent vis à vis the principal in case of breach of duty. That rule is however considered as an integral part of the nature of the Agency contract. Finally, the sole interest of the Fisher's Doctrine would be the explanation of the direct binding of the person acting through its computer, so wrongly qualified as an agent.

precisely results as agency law would reach if applied to the computers entered into contracts.« For a severe criticism of this theory, L. Thoumyre, L' échange des consentements dans le commerce électronique, report available at http://www.juriscom.net/université/doctrine/article4.htm., 13; more nuanced, C. Gagnon, op.cit., 22.

43 Among others, see J. Schmidt, Négociation et conclusion des contrats, Paris, Dalloz, 1982, 55and ff. J. Fischer himself accepts that certain rules legally applicaple to the contrat of agency ought not to be applied (see, op.cit., 557: »the principles of agency extended to computers in the agency paradigm are only those that deal with agents as agent, that is as entities doing the will of a human principal. The aspects of agency law that deal with agents as persons, that is, rules setting out the duties of agent to principal capacity to do of another, have been intentionally omitted from the agency paradigm set forth in this note«.).

44 »La personnalité ne serait guère qu' une abstraction si on ne lui accordait pas le pouvoir d' acquérir; effectivement, elle n' existe, au sens juridique du terme, que par sa faculté de prendre sa part des biens de la collectivité« (E. Huber, Introduction au code civil suisse, quoted by L. Thoumyre, L' échange des consentements dans le commerce électronique, report (http://www.juriscom.net/université/doctrine/article4.htm).

B. *The electronic agent as a way for the trading partner to express his own will*

14. The second solution considers the computer in general, the electronic agent in particular as a way to prolong the will of the legal entity which is currently using the program, in other words as pure tool of communication like a phone or a fax machine. According to the expression used ten years ago by I. de Lamberterie, the program embodied in the Electronic agent would be »un support technique prolongeant la volonté de l' utilisateur«[45]. As Allen and Widdison[46] noticed, this theory is exactly the contrary to the first one which does analyse the machine as an autonomous entity able of a distinct will: »We could choose to ignore this autonomy and treat it as no more than a passive adjunct or extension of the human trader. In effect, we would adopt the legal fiction that anything issuing from the computer really issues directly from its human controller«.
The basic idea of this theory is the fact that a person who has programmed and is operating a transactional system like an electronic agent must be considered as the direct author of all the messages expressed through this transactional system.[47]

12. Many objections might be addressed to this second thesis. A first one is the fact that this thesis does not pay attention to the characteristics of the Electronic agent. As already observed, the complexity of the functioning of these systems is such that their users are not already aware of their capabilities and that these systems have the possibilities to learn from the experience and from the environment. Furthermore, certain Electronic agents used by users particularly residential users are outside of the control of these people. The comparison with the fax or phone machines is thus irrelevant[48].

45 I. de Lamberterie, La vente par voie télématique, Study done on behalf of the Research Council of the Ministry of Justice, Intermediary report, feb. 98, 27-29.

46 op.cit, 46-47.

47 On that issue, please have a look with the very comprehensive statement proposed by R. Clarizia, informatica e conclusione del contratto, Coll. Diritto dell' informatica, n° 5, Giuffré ed., 1985, 33-40.

48 One of the first German author had already asserted that in 1985, at a moment where our computers were not so complex: R. Clemens, die elektronische Willenserklärung – Chancen und Gefahren, NJW, 1985, 34, 2001 and ff. The distinction between simple programs like those used in the context of the first EDI applications and those complex presently developed is founding the »Agency« theory of Fisher: »In other words, when a commercial actor uses computers in the capacity that it uses other tools, the law should treat the computers in the same manner as it treats other tools. Thus when a human actor uses merely a computer as a medium to send a message to another human person, the computer functions in the same way that a fax machine or a posted letter does. However, when a principal uses a computer in the same manner that it uses a human agent, then the Law should treat the computer in the same manner that it treats the human agent.« (Fisher, op.cit., 557).

Another objection Comes from from the disastrous consequences of the theory. If we consider that the Electronic agent is a communication tool of its user's will, we must conclude that the user will be committed automatically by the transactions initiated by the program even if the messages are not corresponding to the will of their »author«[49].
Finally, this theory which pretends to be in accordance with the legal doctrine of the autonomy of the will, has certain deficiencies vis à vis its legal base. As expressly asserted by the Belgian highest Court of Justice: under this doctrine, a contract »requiert pour sa formation non seulement la simple coexistence de volontés qui ignorent leur consensus, mais bien leur véritable concours à un moment donné, c'est à dire la conscience de leur commun accord sur l' objet du contrat[50]«. Then, if it is possible to consider that the Electronic agent's message implicitly are the expression of the will of its user, it is more difficult to consider that this will is expressed vis à vis a peculiar content[51] especially in the cases where due to a malfunctioning of the information system, its user argues that it is obvious that he will have never accepted the transaction.

Chapter 4: *The theory of the appearance: a new solution?*

15. At this point, it seems thus there is no possibility to conciliate the holy doctrine of the autonomy of the will and the principle of enforceability of the contract concluded through electronic agent. Do we conclude therefore that computers can not make contracts, creating by this conclusion a serious risk as regards the development of the electronic commerce? We are of opinion that the civil Code *theory of the appearance*[52], considered as an autonomous

49 This objection has been made by H. Croze, obs. under Cass.fr. 6 nov. 1984, D.S., 1985, 534-536; Comp.: »But if the courts adopt the legal fiction that a computer never operates autonomously, they give themselves no room to manoeuver. Considering the variety of situations which are likely to arise in practice, this hardly seems desirable.« (Allen and Widdison, op.cit., 47).

50 Cass.b., 16 june 1960, Pas. 1960, I, 1990, R.C.J.B. 1962, 301. This court case is quoted by L. Elias et alii, op. cit., 43. About the distinction between the notions of »coexistence« and »concours« of the intents, see the thesis of G. Rouhette already quoted, see also, J. Ghestin, op.cit., 217 and ff.; M. Tancelin, Source des obligations- l' acte juridique légitime, W and L., Montréal, 1993, 24.

51 It would have been the case if the Electronic agent is configured in such way to answer only to particular and prefixed message without any autonomy but as we have said modern Electronic agent are more sophisticated than that.

52 Various authors might be quoted, among others: as regards the French legal doctrine, J. Calais-Auloy, Essai sur la notion d' apparence en droit commercial, Thèse, LGDJ, Paris, 1959; J. Derrida and J. Mestre, Encycl. Droit civil Dalloz, v° Apparence; as regards the Spanish

source of obligations[53], might solve the problem taking into account the needed balances between the interests of the user of these technologies and the contracting party. The theory »advocates as autonomous source of obligations the creation vis à vis third parties including the contracting party of a legitimate faith in an apparent situation«[54].

16. According to certain legal doctrine[55], this theory is founded on the extra contractual liability. It is estimated that the party, who has wrongly created a false appearance or havs wrongly taken the risk of this false appearance, must support as result of his fault the recognition of the existence of the contract. This approach has been severely criticised.
Firstly, in most of the cases, there will be no fault to be identified as regards the person who uses the service of an electronic agent. Due to the sophisticated nature of the program, an error might always occur. Perhaps, it would be better argued that there is a strict extra contractual liability and that the sole creation of the risk might be as such considered as a source of a strict extra-contractual liability. The French and Belgian doctrines and case-law have precisely developed through a courageous interpretation of the article 1384 al.1 the idea of a strict liability of the guardian as regards the things and animals under his control. It might be argued that the electronic agent is under the »guardianship« of the company which uses it and therefore that the errors or malfunctioning of the program will be automatically under its responsibility.
Secondly, the fact that a person has caused a damage by creating the confidence of a third party in the existence of a transaction does not explain by itself why this person is held by a contract that he did not want to conclude. Indeed the judicial decision to maintain the »contract« will appear as the best way to avoid, or to be more exact, to prevent the damages if the contract should be a posteriori considered as void[56]. However this audacious solution

legal doctrine, A. Gordillo, La representacion aparente, Thesis, Sevilla, 1978; as regards the Belgian legal Doctrine, R. Kruithof, La théorie de l' apparence dans une phase nouvelle, RCJB, 1991, 45 and ff.; X. Dieux, Le respect dû aux anticipations légitimes d' autrui, Thèse, Bruylant, 1995.

53 P. van Ommeslaghe, L' apparence comme source autonome d' obligations en droit belge, RDIDC, 1983, 144 and ff.

54 S. Styns, W. van Gerven and P. Wery, Les Obligations, Chronique de jurisprudence, 1990-1995, J.T., 1996, 690 and ff.

55 This approach was sustained by the Belgian doctrine, see notally, P. de Harven, Etude sur la notion d'apparence en droit privé, Rev.dr.belge., 1938, 91. More recently, the thesis of X. Dieux (Le respect dû aux anticipations légitimes d' autrui,- Essai sur la genèse d' un principe général de droit, Bruylant, Bruxelle, 1995) intends to develop a very broad concept of the fault that will be defined as the simple non respect of the legitimate expectations of third parties including obviously the contracting party.

56 »C'est le mécanisme de la réparation en nature du dommage subi par les tiers qui justifie que la situation apparente sorte les mêmes effets que la situation réelle.« (P.A. Foriers, L' apparence, source autonome d' obligations ou application du principe général de l' exécution de bonne foi, J.T., 1989, 549.

must be decided by the judge on a case by case basis what will constitute an unsecured situation for the users except if the legislator imposes it.

17. Another opinion extensively developed in French and Spanish legal doctrines[57] avoids this extra-contractual base of the theory. According to a recent court decision of the highest Belgian Court of Justice[58], Number of Belgian authors have joined this second opinion. The legitimate faith of the third party combined with the requirements of the security of the transactions and the commercial benefits explain that the party could not catch the contracting party unaware by denying an appearance attributable to his own activity and causing then a damage to this contracting party. Finally, the theory of the appearance is founded on the world-wide accepted principle of the good faith as regards the conclusion of the contract[59]. This second opinion leadus to take into consideration firstly the position of the victim of the appearance of truth rather than the wrong attitude of its creator.
Based on this assumption, the legal doctrine and the courts have enumerated a certain number of conditions to apply the theory. Under our opinion, these conditions laid down which will permit to conclude to the existence of the contract notwithstanding the absence of the will, are perfectly applicable in the case of contracts concluded automatically through electronic agents.

18. The doctrine and the court cases impose four conditions[60] in order to apply the theory. These conditions are met in our case:

The first one requires an objective element: the apparent situation does not correspond with the real situation; in our case, the electronic agent has produced unexpected transactions.
The second condition imposes that the faith in the false transaction is legitimate. That implies not only that the contracting party is of good faith, ignoring de facto the real situation, but also that he might not know the real situation following the principle of reasonableness. So, if through the error provoked by the malfunctioning of an electronic agent, I purchase a certain number of

57 As regards the French legal doctrine, the principle has been established since the beginning by the father of the theory of the appearence, J. Calais-Auloy in his famous thesis . . .; as regards the Spanish legal doctrine, see the very comprehensive analysis of the principle and its legal recognition, proposed by R. Julia Barcelo in her thesis, p. 236 and ff. and the multipkle reference to Gordillo (La representacion aparente, Sevilla, 1978).

58 Cass. B. 20 june 1998, Pas. 1988, I, 1256; J.T., 1989, 547, obs. P. Foriers. About this court case and the legal doctrine, see S. Styns and alii, op.cit.

59 S. Styns and alii, eod.loco.

60 See similarly, the analysis done by R. Julia Barcelo as regards the application of the theory of the appearance to EDI contracts (Thesis, op.cit., 235-245).

goods for a minimal price not corresponding at all to the market price, it is not sure that the judge will consider my attitude as being of good faith. In most of the cases, however, the contracting party will have no difficulty to comply with this condition, provided that he is expecting that the functioning of the system especially purported to facilitate the conclusions of contracts does correspond with the instructions given to it and functions correctly[61].

The third condition is the existence of a damage in the case where the apparent contractual relationship would not be maintained. It must be underlined that an the contrary what is developed under the reasoning founded on the extra-contractual liability where the existence of the contract is considered as a way to solve the question of the damages created by the non existence of the contract, here it is considered that the contract is existing except if there would be no damage in breaking it.
Finally, last but not least, the courts will require that the creation of the false appearance will be attributable to the person against whom the appearance is invoked. This condition is available definitively when companies in order to accelerate and erhance their business use electronic agents. The company takes the risk that the computer makes an error and furthermore is in the best position to control this functioning or the persons in charge to operate the system[62]. The same reasoning might not be held in our opinion if a residential user who in many cases is unable to exercise this control uses the electronic agent. Finally, the fact that the message is signed by the electronic agent is clearly an apparent sign that the trading party intends to be bound by the message which might be attributed to him.

Let us notice in conclusion of this analysis of the conditions applied to the »electronic agent case«, that the application of the theory of the appearance will not in any situation lead to the recognition of the existence of the contract. It is one of the major interest of this theory to avoid any systematic solution but to let a certain margin of manoeuvre to the judge who will have to take into consideration exceptional situations where the faith of the contracting party is not legitimate or the creation of the false appearance is not the fact of the user of the electronic agent

19. This conclusion leads to certain criticisms as regards the American legislative solution founded on the »attribution« doctrine proposed by R. Nim-

61 In case of EDI transactions operated within a closed network in the context of continuous relationships between trading partner, this condition will be easier fullfilled.
62 On that point, R. Clarizia, op.cit., 36 and ff.; see also, R. Julia-Barcelo, Thesis, 240.

mer[63] and adopted both by the American Bill and the Uncitral Model Law[64]. The sections 2B-111 and 112[65] are construed as a system creating automatically a binding contractual relationship between the user of an electronic agent and his trading partner. The »manifest assent« is given under the provisions of these sections by the use of an electronic agent insofar as this agent is enabled to react and so has an »opportunity to review«. The main principle followed by the American legislator is to substitute the concept of »assent« to that of »manifest assent«[66]. The fact that apparently through its computer a person has entered into contract is sufficient. In other words, the creation of the appearance is as such sufficient to create the contract. Our suggested approach founded on the Civil Law theory of the appearance introduces certain shades. The appearance is not as such an autonomous source of contractual obligations insofar as only the legitimate expectations of the third party caused by a situation attributable to the user of the electronic agent might create these contractual binding transactions[67].

63 R.T. Nimmer, Electronic Contracting: Legal Issues, (1996) 14 Journal of Computer and Information Law, 211 and ff. The author estimates that the question to solve is the following: »If a message is sent, received or responded to, who should have obligations deriving from that fact in the situation where the message was incorrect or incorrectly issued?«. According to the author, the only possible answer is the person »behind« the computer who has taken the risk of entering into contract through this way. As Gautrais notices (op.cit. 229), this solution might be founded on economic grounds but the problem remains as regards the legal grounds. How except by a legislative decision as it is directly suggested by Nimmer can we explain the contractual commitment of the person who uses an electronic agent and enters into contract without human intervention.

64 Art.13 of the Uncitral Model Law is entitled: »ttribution of Data messages«:
(1) A data message is that of the originator if it was sent by the originator itself;
(2) as between the originator and the adressee, a data message is deemed to be that of the originator if it was sent . . . by an information system programmed by or on behalf of the originator to operate automatically. (. . .)

65 See supra, the text of the provision, note 12.

66 . . . or better expressed »apparent assent«.

67 A good example of this difference might be found in the State Farm Mutual Automobil Insurance Co v. Bockurst (453 F.2d 533 (10th Cir. 1972) quoted by many American authors. According to the facts, a motorist after an an accident occurred take contact with his insurance company to reinstate his insurance policy retroactively. Due to a computer program unable to deal with the event, the policy was reinstated. The Court ruled that the insurance company was held by his notice notwithstanding the bad faith of the motorist. The Court considers that the company's error was an error of the company, acting through its computer.
It is quite clear that the theory of the appearance would have led to a different conclusion provided that the motorist had serious reasons to know that the computer has operated wrongly.

Conclusion: *Contracting through electronic means: an evolution or a revolution?*

20. Definitively, there are sound reasons to consider that in most of the cases, despite any errors or malfunctioning of the sofware embodied into the electronic agent, the transactions concluded through them must be binding. Practical and financial benefits are expected by the generalisation of the use of this new way of ensuring the process of contracting. Doing business by computer generated agreements will permit buyers and sellers to save money and time. But do we need therefore a new contractual paradigm traditionally founded on a face-to-face relation between human beings. Professor Nimmer wrote in 97[68]: »No requirement exists in law that a contract offer be in writing and that there be a conscious, immediate human intent to make a binding commitment«. We agree with that idea but we are of opinion that the solution is not to assimilate the message issued by an electronic agent to a »manifest assent«. As Bernacchi and Grossman noticed: »This view arguably undervalues the importance of intent to the underpinnings of the contract and tends to ascribe the necessary intent to contract to machines. Of course, machines have no intent, except that which was embedded in the instructions given to them. However, the more complex the instructions are and the more leeway those instructions leave for adaptive change, the further removed the electronic negotiator is from the conscious intent of the human agents and the more the conceptual framework for contract breaks down«[69].

The same finding explains how it will be difficult to see in the message issued by the electronic agent, the »sufficient trace of the will« to take again the words of L. Thoumyre[70]. In our opinion, the solution is to be found clearly outside an hypothetical or fictitious declaration of intent. The need to respect the legitimate expectations of third parties as the base for the recognition of the contract seems in my opinion a solution more respectful of the two essential values that the contract has to ensure: »l' utile et le social« according to the famous title of an article of Ghestin[71], the commercial pragmatism needed for the security of business transactions and the »moral justice« to take again the two points of Allen and Widdison's conclusions.

68 R. Nimmer, Selling products Online: Issues in electronic contracting, 468 PLI/Pat 823 (1997).

69 R.L. Bernacchi and C.A. Grossman, Selected Issues in electronic contracting, paper available at http://cla.org/matsnpubs/memberarticles/SELECTISS.htm.

70 L. Thoumyre, op.cit., 15-16 speaks about the »empreinte suffisante de la volonté«, referring to Carbonnier.

71 J. Ghestin, Le contrat entre l' utile et le social, Arch. Ph. Droit, 1991; J. Ghestin, Traité de droit civil- T.2, Les obligations, Le contrat: formation, Paris, LGDJ, 1988, 181 and ff.; Vincent Gautrais (L'encadrement juridique du contrat électronique, Thèse, Montréal, 1998, to be published) does refer to the same idea.

Is that a revolution? Yes, if we consider that we accept clearly that a contract might be existing and binding without one of its essential elements: the consent. No, if we are viewing the solution as a supplementary development of the recent theory of the appearance, already adopted in many of our civil code legal systems. A trading party by its conduct »that is sufficient to show an agreement«[72] has created a situation which has definitively created the basis for a legitimate expectation as regards the existence of the obligation at the burden of the electronic agent's controller. As asserted by Atiyah[73] quoted by number of the authors already quoted[74]: »The truth is (a party) is bound not so much because of what he intends but because of what he does . . . the man who signs a written contract is liable because of what he does for the *good reason that other parties are likely to rely upon what he does in ways which are reasonable and even necessary by the standards of our society.*« This final assertion has nothing revolutionary[75] insofar as in the past a lot of contracts notably in case of silence of one of the contracting parties have been considered as concluded notwithstanding the absence of real intent to be bound. Particularly, it was the case when due to the behaviour of this party, the other one could legitimately be confident as regards the existence of the contract. Definitively, the holy principle of the »autonomy of the will« is not so absolute to deny any existence of the contract in those cases.

Moxhe, 1st of Aug. 99

72 Compare: »In my opinion the answer to that question should not be deduced from conceptual reflections on wheter the actual or latent will is, but rather on a pragmatic approach. . . . This approach is in full accordance with article 2.1. of the Unidroit principles, according to which a contract may be concluded ». . . by conduct of the parties that is sufficient to show agreement.« (M.B. Andersen, op.cit., p. 14).
73 P.S. Atyah, Essays on Contract, Oxford, Clarendon Press Paperbacks, 1990, 22.
74 So Allen and Widdison; Gautrais, etc.
75 On that point we disagree with Nimmer's assertion about the need to adopt new revoliutionary models: »We believe that electronic systems require a a contracting model that employs a paradigm independant of hypothetical human choices and artificial human assent to specific agreements. Those choices do not always today. As technology evolves, they become less and less relevant.« (R.T. Nimmer and P. Krauthouse, op.cit., 949.

User protection in the cyberspace: some recommendations

Sophie Louveaux / Yves Poullet / Anne Salaün, Namur

Contents

1. Recommendations on user protection 86
   - 1.1. Commercial communications 86
   - 1.2. Identification of the service provider 89
   - 1.3. Information provided to the consumer 90
     - i) Additional information 90
     - ii) Sample 91
     - iii) Transparency 91
   - 1.4. On line Contract terms and conditions 96
     - i) The problem 96
     - ii) The uncompleted answer of the European Directives 97
     - iii) Suggestions 99
   - 1.5. Interactivity with the service provider 100
   - 1.6. Summing up of the transaction 100
   - 1.7. Contract formation 101
   - 1.8. Consent of the consumer 102
   - 1.9. Minimisation of the data 102
   - 1.10. Anonymisation 103
2. Increasing the consumer's trust 103
   - 2.1. Site labelling 103
     - i) Information of the consumer 104
     - ii) Quality of the labelling authority 104
     - iii) Effectiveness of the control 105
     - iv) Scope of application of a label 105
     - v) Minimal requirements 106
   - 2.2. Alternative Disputes Resolution mechanism: Cyber-magistrate 107
     - i) Quality and independence of the cyber-magistrate 109
     - ii) Transparency of the activities 109
     - iii) Information of the consumer 109
     - iv) Voluntary character of the procedure 110
     - v) Representation 110
     - vi) Compliance with legal requirements 110
     - vii) Complementary with traditional Courts role 110

Conclusions 111

Electronic commerce is challenging the rules providing a protection of consumers with regard, among others, to commercial communications and contracts concluded at a distance: new questions are arising as to the applicability and effectiveness of traditional rules in the on-line environment. The digital marketplace makes new difficulties emerge, confronting consumers to a new range of specific problems.

> The situation of on-line consumers – namely consumers purchasing goods or services on the Internet – could be significantly improved through the adoption of measures aimed at a better taking into account of the interests of consumers on the Internet.
> Following are a series of recommendations taken from various European legal instruments which correspond to the different steps of an electronic transaction from the start of the commercial transaction to the actual resolution of possible disputes through the use of alternative dispute mechanisms.

1. *Recommendations on user protection*

The recommendations presented below relate to commercial communications, to the relationship between the service provider and the consumer, and to data protection.

1.1. *Commercial communications*

A new form of commercial communications is being developed with the use of e-mail addresses. This gives rise to spamming, namely the frequent and massive sending of commercial messages through the e-mail boxes of consumers, leading to connection and downloading costs born by consumers.
A right to oppose the receipt of messages for commercial purpose is admitted in three European Directives: first, Directive 95/46/EC on the protection of individuals with regard to the processing of personal data and on the free movement of those data[1]: article 14-b urges Member States to grant the data subject with the right »to object, free of charge, to the processing of personal data relating to him which the controller anticipates being processed for the purposes of direct marketing«; second Directive 97/66/EC on the processing of personal data and the protection of privacy in the telecommunication sector[2] states that unsolicited calls for purposes of direct marketing should not be

1 *O.J.*, 23.11.95, L 281/31.
2 *O.J.*, 30.01.98, L 24/2.

allowed either without the consent of the subscriber concerned, or in respect of subscribers who do not wish to receive such calls (article 12); and third, Directive 97/7/EC on the protection of consumers in respect of distance contracts[3]: article 10 § 2 recognises the opt-out principle where individual distance communications may be used only where there is no clear objection from the consumer.

The effectiveness of a right of opposition presumes however the existence of a mechanism allowing consumers to make known to providers their position regarding unsolicited commercial communications. But information on such opposition mechanisms is necessary.

First of all, consumers should be provided with information on the existence of such mechanisms. Article 14-b of Directive 95/46/EC explicitly provides for the Member states to take the necessary measures to ensure that data subjects are aware of this right of opposition.

Practically, the opposition mechanism could be materialised in two different ways:

1. The first commercial communication sent to the consumer could contain information on the possibility to refuse receiving such messages, and on the steps to take in order to do so. In this first hypothesis, the duty to inform the consumer would rely on the author of the communication; or
2. When the e-mail address is granted, the access provider would inform the consumer on the right offered to him to oppose himself to unsolicited commercial communications received via his e-mail address. The duty of information falls here on the Internet Access Provider. On request of the consumer to oppose himself to the receipt of commercial e-mails, the IAP would filter such messages as soon as they arrive in his own mailbox. This would prevent the consumer from receiving those messages, the costs of receipt and downloading thus being avoided.

Another alternative is the idea of »suppression markers in Internet addresses« as developed by the UK Data Protection Registrar. Through the use of this device, individuals could indicate their objection to have data about them collected or to receive unsolicited e-mails as a result of the visit of certain Web sites or the participation to certain groups. The duty to respect the consumer's preferences lies with the sender of the unsolicited messages.

The above-mentioned distinction concerns solely the information of the consumer on the opposition mechanism and on his right to subscribe to a list to be removed from commercial communications. Another step is the *concrete functioning of the list*: the question remains as to the monitoring of the list by a specialised body. Should it be a public body? Or a professional body gather-

3 *O.J.*, 04.06.97, L 144.

ing different categories of providers? Whatever the choice is, it should at least avoid a situation where an increasing number of opposition lists are proposed to consumers. This would for sure weaken their purpose.

It is recommended that the opposition mechanism should be centralised and should enable providers, before sending any message, to have access to e-mail lists where the wish of the consumer to oppose the receipt of commercial communications has been clearly stated, and then to complete the list if they are aware of an opposition.

The user could take the initiative himself to register his/her preferences not to receive unsolicited e-mail messages by notifying the data protection authority. This notification would create a presumption of the knowledge of such an opposition by any sender of unsolicited messages. However this system implies that the data protection authority provides for an easy access to the list of persons who have opted out those who intend to use the Internet for commercial marketing. This is not however an easy task if one considers the global character of the Internet. Moreover, the existence of opposition lists should match with consumers' wishes: the list should offer enough opposition means (i.e. opposition to all type of commercial communications; selected opposition to identified providers or to categories of providers, etc.). The finality of the list should not be diverted and the contents of the list should not be re-used for commercial purposes.

The possibility to filter commercial communications should be read in accordance with the Proposal for a European Parliament and Council Directive on certain legal aspects of electronic commerce in the internal market[4]. Article 7 states that an unsolicited commercial communication by electronic mail should be »clearly and unequivocally identifiable as soon as the recipient receives it«. With such a principle, how would the consumer be able to filter a commercial message before it arrives to his mailbox? Article 7 could have been better drafted by stating that a commercial communication should be identifiable as soon as the service provider sends it. Such a wording would have opened the possibility to offer filter services by allowing an identification of the commercial aim of the message as soon as it is sent. A third party would have been able to filter the messages on behalf of the consumer; the commercial communications would have been stopped before reaching the recipient's mailbox.

This last solution of electronic agents filtering the messages previously identified as commercial communications, is the most appropriate as regards privacy concerns in so far as, contrary to the other solutions, the receiver does not need to openly disclose his choice not to be subject to such communications, choice which in itself could be considered as sensitive information.

4 18 November 1998, http://www.ispo.cec.be/ecommerce/legal.htm.

Furthermore, as a protection against the spamming of web sites, it may be offered to the Internet web site provider a possibility not to be indexed by search engines so as to prevent the reception of unsolicited advertisements on the web site. This idea of a »non robot« marker placed on the front page of the web site has been promoted by the »International Working Group on Telecommunications and Privacy« (Hong-Kong Session 1997) and is in the same line of thought as the right of individuals not to be victims of search engines through notification to a specific data base.

1.2. *Identification of the service provider*

Consumers are faced with the difficulty of establishing the identity and location of the provider with whom they deal, although such information ensures confidence and trust in the consumer's mind. There is a big difference with traditional commerce where the businesses the consumers contract with are easily identifiable and whose reputation is clearly established. Furthermore, the identification of the provider is all the more important in an international environment.

The identification of the service provider is requested by the proposal directive on e-commerce and the Distance contracts directive. In so far as the service provider is processing personal data[5] concerning the consumer, articles 10 and 11 of Directive 95/46/EC also requires that he identifies himself as the controller of the processing and that he also provides information about the purposes of the processing and the different categories of recipients authorised to use the data[6].

Apart from the information foreseen in those three Directives, one could also imagine a hyperlink with the site of such an official trade register or data protection authority that would allow direct consultation:

- whenever the provider holds a digital signature, a Certification Authority has issued a certificate. This certificate would easily identify the provider: as the certificate is public, a link could be offered to the Certification Authority's site;
- the labelling of the site would also allow consumers to check the identity of the Web site owner;

5 By »processing of personal data«, article 2 of the directive understands »any operation or set of operations which is performed on personal data, whether or not by automatic means, such as collection, recording, organization, storage, adaptation or alteration, retrieval, consultation, use, disclosure by transmission, dissemination or otherwise making available, alignment or combination, blocking, erasure or destruction«. »Personal data« shall mean »any information relating to an identified or identifiable person« (article 2.a).

6 See 1.3.2.3. »Transparency«.

– a link could also be offered with the data protection authority that detains the register of processing operations and information concerning the controller of such operations (article 21 of directive 95/46/EC).

1.3. *Information provided to the consumer*

According to article 4 of the Distance Contracts Directive, the information to be given to the consumer must be provided »in a clear and comprehensible manner in any way appropriate to the means of distance communication used«. This should be understood as the forbidding of providers to make a distinction between categories of information by presenting a first range of information in an attractive way (use of colours, animated pictures, etc.) and another range of information in an unattractive way aimed at dissuading consumers from reading them. The possibilities offered by the technique should not lead providers to hide some information to the detriment of others, thus misleading consumers by dissuading them from reading the whole range of information.
Furthermore, it is important to note that any information given prior to the transaction should be accessible at any step of the visit on the site: too often the information is no longer accessible once the good has been put in the ›shopping basket‹ even though it is important to enable the purchaser to come back to it. A link or an icon should allow a consultation of the product's information at any step of the transaction.
There is therefore a need to strengthen the information's content. This strengthening could be ensured by providing additional information to the consumer as well as a sample, and by complying with a transparency obligation.

i) *Additional information*

The information disclosed by the provider to the consumer prior to the conclusion of the contract is of crucial importance since the parties are not by nature in contact with each other. This statement is strengthened by the global environment of the network – where the exercise of the right of withdrawal takes a new dimension in terms, among others, of return costs – and by the interactivity of the network where numeric goods and software directly downloaded on the consumer's computer often fall under an exception to the right of withdrawal.
Article 4 of the Distance Contracts Directive enumerates a list of prior information provided to the consumer that should be understood as a minimum in the on-line environment: when the good ordered is ›immediately consumed‹ –

in other words when it is directly downloaded on his computer – additional information should be granted to the consumer. Such information must enable the consumer to check the compatibility with his own software, in order to avoid technical incompatibilities: a situation where goods received on-line are not useable for incompatibility reasons due to a lack of prior information, would be unbearable for consumers, leaving them with a software they can neither exploit nor return.

ii) *Sample*

Where the technology permits, a *sample* of the product should be sent to the consumer: we assume that for many products or software delivered on-line the sending of a sample, or in other words an indicative piece of the product, would not represent any technical difficulties for the provider. This would on the contrary have the advantage of placing potential purchasers in a context of confidence since they would be able to receive, free of charge, a sample of the digitised good they would have been reluctant to buy without this prior check. After receipt, the recipient would feel confident in ordering the good if it is in accordance with the characteristics described in the offer and technically compatible with his own system.

iii) *Transparency*

The use of the Internet to carry out transactions very often implies an invasion of privacy by the use of processing operations on personal data in a way that is invisible to the data subject. The data subject does not know about the processing and has no freedom to decide on it. The lack of transparency concerns not only the use of invisible processing tools (such as automatic hyperlinks to third parties, active content and cookies mechanisms which are placed on the browsers), but also a lack in transparency as regards the risks presented by the use of Internet, the different actors involved in the actual transmission of the data from the consumer to the final service provider and finally as regards the transfer of personal data to countries which fall outside the scope of protection afforded by the European Directives (transborder data flows).

As regards the use of invisible processing tools, Recommendation 1/99 on Invisible and Automatic Processing of Personal data on the Internet Performed by Hardware and Software[7], recommends that the data subject is informed and thus made aware of the processing in question and that Internet software and hardware products should provide Internet users with information about the data they intend to

7 Adopted by the Working Party of article 29 of the data protection directive on the 23rd February 1999.

collect, store and transmit and the purpose for which they are necessary, and if necessary the fact that the data collection will take place outside Europe.
As concerns the risks presented by the use of Internet, Recommendation N° R (99) 5 of the Committee of Ministers to Member States for the protection of privacy on the Internet[8], offers as a guideline to the Internet service providers that they should inform users of privacy risks presented by the use of Internet before they subscribe or start using the services. Such risks may concern data integrity, confidentiality, the security of the network or other risks to privacy such as the hidden collection or recording of data.

As for the transparency in the routing of the data, articles 10 and 11 of Directive 95/46/EC require that the data subject be informed of the identity of the recipients of the data »in so far as such information is necessary, having regard to the specific circumstances in which the data are collected, to guarantee fair processing in respect of the data subject«. If the »recipients« are defined as those to whom the data are disclosed (see article 2.g), fair processing implies a maximum of transparency as regards the data subject. If it is therefore maybe not necessary to inform the data subject of all the persons involved in the routing of the message, even if they could possibly access personal data (hubs…), an obligation to do so could arise if there exists a possible threat that the data be reused by such intermediaries or transmitted by them to third parties liable to make wrongful use of such data (cyber-marketers, for example).
It is therefore recommended that intermediaries in the routing of the message must be identified if they can access personal data and that a risk of invasion of the consumer's privacy exists. This is even more the case in the event that the data is transferred to countries outside the scope of protection afforded by the European Directives. This recommendation is in line with the recitals of the directive which provide in § 47 that »where a message containing personal data is transmitted by means of a telecommunications or electronic mail service, the sole purpose of which is the transmission of such messages, the controller in respect of the personal data contained in the message will normally be considered to be the person from whom the message originates, rather than the person offering the transmission services«.
A question arises as to whether the obligation to be identified must be imposed to all service providers. Undoubtedly, this obligation must exist when the service offered is of commercial nature or broadly offered against any remuneration and this for consumer protection reasons. As regards certain other services such as journalistic information, ideological or political expression, the question is more controversial. Must we admit a certain right to anonymity in order to protect the freedom of expression? We can imagine that

8 Adopted by the Committee of Ministers on 23rd February 1999.

effectively in the case of the fear of pressure, certain people will be reluctant to sign the information they put on their Web site. The so-called »Estelle Hallyday« case was interesting in that respect in so far as the information provider was anonymous and that the host provider refused to disclose his name[9].
Perhaps a good balance would be that anonymity is a right but that this right may not be invoked in the case of a complaint against the Web site. In other words, the hosting service has the duty to reveal the identity of the Web server in the case of a legal action against him.
To sum-up, the following information must be given to the Internet users:

First, on the identification of the service provider:

	Identification of the service provider
Distance contract Directive (*article 4 Prior information*)	– the identity of the supplier and, in case of contracts requiring payment in advance, his address.
Privacy Directive (articles 10 and 11)	– the identity of the controller and of his representative if any.
Proposal on e-commerce (*article 5 General information to be provided*)	– name of the service provider; – the address at which the service provider is established; – the co-ordinates of the service provider including his e-mail address which allow for him to be contacted rapidly and communicates with in a direct and effective manner; – where the service provider is registered in a trade register, the trade register in which he is entered and his registration number; – where the activity of the service provider is subjected to an authorisation scheme, the activities covered by the authorisation and the co-ordinates of the authority providing this authorisation; – for the regulated professions, the co-ordinates of the professional body where the service provider is registered, the professional title granted in the Member State of establishment as well as the applicable professional rules; – the VAT number.

9 http://www.droit-technologie.org/2_1.asp?actu_id=920142062&month=2&year=1999.

Second, another range of information should be disclosed to Internet users:

	Other information
Distance contract Directive (articles 4 and 5)	*Article 4: prior information (before the contract is concluded)* – the main characteristics of the goods or services, – the price of the goods or services including all taxes, – delivery costs, where appropriate, – the arrangements for payment, delivery or performance, – the existence of a right of withdrawal, – the cost of using the means of distance communication, where it is calculated other than the basic rate, – the period for which the offer or the price remains valid, – where appropriate, the minimum duration of the contract in the case of contracts for the supply of products or services to be performed permanently or recurrently. *Article 5: confirmation of information (once the contract is concluded)* – written information on the conditions and procedures for exercising the right of withdrawal, – the geographical address of the place of business of the supplier to which the consumer may address any complaints, – information of alter-sales services and guarantees which exist, – the conditions for cancelling the contract, where the it is of unspecified duration or a duration exceeding one year.
Privacy Directive (articles 10 and 11)	– the purposes of the processing for which the data are intended; – Any information in so far as such further information is necessary, having regard to the specific circumstances in which the data are collected, to guarantee fair processing in respect of the data subject (such as the recipients or categories of recipients of the data, whether replies to questions are obligatory or voluntary, as well as the possible consequences of a failure to reply, the existence of a right of access and the right to rectify the data concerning him . . .)

Proposal on e-commerce *(articles 6 and 10)*	*Article 6: commercial communications* – information on the commercial nature of the communication, – information on identity of the natural or legal person on whose behalf the commercial communication is made, – information on promotional offers (discounts, premiums, gifts) and on the conditions which must be met to receive them, – information on promotional competitions or games and on the conditions for participation. *Article 10: electronic contracts* – information on the manner of the formation of the contract by electronic means, notably the different stages to follow to conclude the contract, whether or not the contract will be archived, any existing means to correct handling errors; – information on the codes of conduct to which the service provider subscribe.

As far as the confirmation of information is concerned, the Distance Contracts Directive provides for the obligation to confirm the prior information given to the consumer. Article 5 states that »the consumer must receive written confirmation or confirmation in another durable medium available and accessible to him of the prior information, in good time during the performance of the contract«. The term of durable medium implicitly refers to electronic distance contracts where a written document is not foreseeable: one cannot expect to receive a confirmation on paper in the frame of on-line contracts. One should not lose sight of the Directive's requirement: the consumer must »receive« confirmation: the obligation rests on the provider, the consumer needs not play an active role. For example, the confirmation would not be satisfactorily validated if the provider simply contents himself with posting it on-screen and leaving the consumer the trouble of downloading or printing out the information.

A second important issue linked to the confirmation concerns the medium: to answer to the requirement that the medium is »available and accessible« to the consumer, a choice should be given to him as to the medium used. Indeed, a confirmation could be available to the consumer but could not be accessible if the medium is not readable by his computer (e.g. a floppy disk where the file is saved in a different format). The issue of confirmation takes a new dimension since here again the compatibility between the provider's and the consumer's computer has important consequences: this situation finds no echo in

the traditional distance contracting where the confirmation is mostly sent through postal services, and no question of compatibility arises. It is therefore important that a choice is proposed to the consumer as to the medium through which the confirmation will be sent, taking into account his technical equipment.
Most of the time, the confirmation will be sent through an e-mail, which is the easiest, quickest and cheapest way to reach the consumer. However, e-mail is not always a solution if the consumer has reached the provider from a public place (e.g. cyber-café): no personal address is attributed to him in this case. Still, if the contract has been concluded in compliance with the requirements of the Proposal for e-commerce, it means implicitly that the consumer has been able to interact with the service provider, irrespective of the existence of a personal e-mail address. Then, it is foreseeable that the confirmation reaches the consumer through a public place's e-mail address provided the service provider makes sure that the consumer has effectively received it.

To summarise:

- the information should be presented in a clear and comprehensive way, the technique should not be used to hide other information,
- where appropriate, additional information should be provided, notably with regard to technical features, the routing of the message, invisible hyperlinks, the risks presented by the use of Internet,
- where appropriate, a sample of the product should be sent before conclusion of the contract, allowing the consumer to check the compatibility of the product with his own system,
- a choice should be given to the consumer as to the medium used for the confirmation; no positive step should be expected from the consumer; the medium used should be compatible with the consumerís computer.

1.4. *On line Contract terms and conditions*

i) *The problem*

In a paper world, where a company is negotiating a contract with a consumer, each of both parties usually has a copy of the contractual terms before acceptance. In the virtual world of Internet, that is not the case. The consumer is invited to click and it is rare that he takes the opportunity and the time to read attentively the contractual terms of the contract which in most of the cases are standard form contracts following the formula »Take-it or Leave-it«. The rapidity of Internet transactions is one of the most appreciated qualities of this media.

This situation raises two questions: the consumer might be surprised by the content of the contractual conditions: exclusion of the warranties, severe limitations of liability, provisions as regards the choice of the law, etc. Even if this question is important, it seems that the Internet environment does not create new problems as regards this question. Different national legislations do provide a lot of rules excluding certain types of provisions or imposing others taking into account the weak position of the consumer. The other problem is more crucial. To what extent is the consumer held by the contract terms insofar as unlike what happens in the real world, he does not have these contractual conditions before his eyes while contracting. The Internet environment does impose an active attitude of the consumer to take knowledge of these terms. So the question is to which conditions the law will consider that these contractual terms are integrated into the contractual agreement. In other words, how and when the terms of the contract must be brought to the consumer's attention in order to be considered as part of the contract and therefore might be enforced vis à vis the consumer.

Various means by which the merchant can inform the consumer might be used. The choice between these different means will take into account the merchant's will to balance an the one side the legal requirements and an the other side the attractiveness of their web sites.

- the first system is the »reference statement without hyperlink«. In that case, the web site operator will make a reference to his contract terms and perhaps invite the consumer to ask copy of these standard terms and conditions by mail or by e-mail. This reference will appear at the bottom of the order form in bold character with a winking sign or simply in small character;
- the second system provides not only a reference statement but also a hyperlink. This system of »reference system with hyperlink« will enable to the consumer to click and to have an automatic access to the web page containing the contractual terms and conditions;
- the third system streams the text of the standard form directly at the bottom of the order form or of the web page. This solution renders the web page not so attractive. It is quite obvious that the consumer is still in a passive situation. He is not required to read the page which remains his own responsibility;
- the fourth system called »Dialog Box« precisely invites the consumer to go through the terms and conditions text before clicking definitively. It is possible to provide a double click to ascertain that the consumer agrees with the terms and conditions, and, with the contract.

Taking into consideration these different possibilities, classified in their increasing order of notice and possible knowledge by the consumer, it is needed to see how the European Directives approach the question of their enforceability.

ii) *The uncompleted answer of the European Directives*

Three Directives or draft Directives might be taken into consideration: the first one is the Directive on unfair Terms in consumer contracts. Let us underline that this directive requires that contractual terms must be written *in plain and intelligible language*.

The Directive on Distance Selling lays down the information to be provided prior to the conclusion of the contract, informat which contains the more important terms of the contract (period of warranty, delay for the performance, etc.) But overall asserts that the *»information referred to in paragraph 1, the commercial purpose of it must be clear, shall be provided in a clear and comprehensible manner in any way appropriate to the means of distance communication used, with due regard in particular to the principles of good faith in commercial communications«*. Two points must be strongly underlined: the first one is the fact that certain information normally contained in the standard forms of contract must be noticed to the consumer before reaching an agreement. The second point seems in our opinion even more important: the clarity and the understanding of the standard terms and conditions must be appreciated according to the qualities of the media chosen for contracting. So, the oral explanations in the context of selling by phone can be very limited whilst in the context of Internet, obviously a lot of explanations might be given due to the fact that the cost of giving more information is very limited. This rule of proportionality between the media and the format of the information must be underlined. We will come back to that point.

The draft Directive on certain aspects of electronic commerce curiously does not refer to the problem. However indirectly it is possible to deduce from the wording of article 10 certain reflections. Article 10.2. says: *»Member states shall provide in their legislation that the different steps for concluding a contract electronically shall be set out in such a way as to ensure that parties can give their full and informed consent«*. The point 3 of the same article is also interesting asserting that *»Member States shall lay down that, . . ., the service providers shall indicate any codes of conduct to which they subscribe and information on how these codes of conduct can be consulted electronically«* that is to say to indicate on the web page the web page where this code of conduct might be found and eventually downloaded. From these two provisions, it becomes clear that the process of contracting must ensure that the parties have the possibility to review automatically the essential elements of the contractual elements prior to the conclusion of the agreement. Insofaas as these essential elements might be contained into the general terms and conditions and in the codes of conduct to which the service provider subscribes, an automated link to them must be provided at an adequate moment but before the final conclusion of the contract. This position clearly avoids certain systems previously (supra *i)*) described as that of the »reference statement without hyperlink«.

iii) *Suggestions*

It is generally understood in all European countries since the famous English Parker v. South Eastern Railway Court case (1877)[10] that the standard forms of contract might have effect only if the customer is given »notice« of them before the contract is formed. What does this requirement mean in an on line environment? In the context of the Court case quoted, it was considered that placing a »see back« inscription in an visible manner on the front side of the ticket and printing the essential conditions on the back side, the railway company should have done what is reasonably sufficient to give »notice« to the railway passengers[11].

That implies that the criterion of reasonable notice might vary following the media used and the »quality« of the condition imposed to the consumer. As regards the second point, more onerous is a condition, e.g. if the provision deprives the consumer from an essential remedy or of a legal right, more the criterion will impose to the service provider a duty to print the provision in a special ink or with large types. As regards the first point, it is obvious that the requirement will not be the same in case of a simple ticket like in the Railway Court case or in the case of the sending by mail of an insurance policy. If we apply the criterion to on-line contracts concluded through web sites, it will enlarge considerably the duty of the provider to give the consumer »notice«.

In our opinion, taking into consideration the technical possibilities of the medium used, the use of flickering signs drawing the attention of the reader to the existence of terms and conditions, a direct hyperlink to the web pages where these terms and conditions are to be found and the use of different colours to indicate the terms and conditions more unusual or onerous for the consumer might be viewed as reasonable duties for web sites operators As regards these more surprising conditions, it might be recommended that the displaying of these terms take place before the final click or at least that just at the bottom of the web page before the final clicking: »I agree«, a special flickering sign appears, inviting or requiring explicitly the consumer to take knowledge of these terms. As regards this specific point, one might imagine that a dialogue box will operate in the stage just before the final order in order to check if the consumer hase agreed on the terms before submitting the order.

It is impossible to describe all the cases but it is quite clear that the use of Internet to conclude contracts with consumers imposes ton each web site providers to raise seriously the question: Did I take the reasonable measures ie give the consumer notice of my contractual conditions. The reply will vary according to the importance of the bargain (the requirements will not be so heavy when it is question of purchasing low value goods), the presumed quality of the customer and the nature of the terms and conditions. It is quite clear that the code of conduct of the different web site providers' associations (e.g. the electronic ticketing in the air trans-

10 Parker v. South Eastern Railway Company (1877) 2 C.P.D. 416.

11 According to what Lord Denning expressed in the case Thornton v. Shoe Lane Parking, (1971) 2 Q.B., 163 and ff.

portation sector) must have a look at the question and try to find, after consultation with the appropriate consumers' associations, harmonised solutions ensuring a good balance between the interests both of their members and of the potential customers.
As regards the specific problem of concluding contracts by E-mail, the question is perhaps more difficult. At first glance, it would be interesting to impose to the merchants supplying their products or services through E-mails to put a reference and a hyperlink to their web sites where terms and conditions of the contracts could be found but this solution creates difficulties for certain customers insofar as they do not have an access to the world wide web services or because the attachements wherein the hyperlink will be placed are filtered by firewalls. Taking these restrictions into consideration, we recommend strongly that in the case of selling through E-mails the offer done by E-mail contains an explicit mention of the essential terms and conditions.

1.5 *Interactivity with the service provider*

A direct contact with the service provider should be made possible: the provider should offer a hyperlink to consumers to enable them to enter in contact with him for any request of information or complaint. The technology offers possibilities that should be used by professionals: an icon placed on the provider's site would offer a real interactivity, questions would receive direct answers and complaints could be easily addressed. The theory of »mutual benefits« implies that the benefits that the provider gains from the use of electronic equipment for the collection of data and conclusion of the transaction, must equally be granted to the user notably in order to exercise his right of complaint through the use of these same electronic means.

1.6. *Summing up of the transaction*

Apart from the great opportunities offered by electronic commerce, risks of wrongful use are inherent to the technique itself: no former means of communication had ever offered consumers the possibility to conclude contracts so fast, by a simple mouse click. This rapidity obviously implies risks of misuse and can lead to the formation of undesired contracts due to technological mistakes.
Seeing the consumer engaged in a contract after an error is not satisfactory. Still, the consent of the consumer has to be given explicitly in order to avoid quertions on the existence of the contract. The solution could be to present a final summing up of the transaction before the consumer definitely engages himself in a contract.

A summing up of the transaction would have the advantage of presenting to the consumer a recapitulation of all his choices (characteristics of the goods/ services chosen, price, delivery costs, arrangements for payment, performance, exercise of the right of withdrawal, etc.). This summary, presented on a unique page, allows a visualisation of the content of the contract the consumer is willing to conclude and, above all, enables the consumer to bring rectification and thus avoid mistakes due to a misuse of the technique. The consent is then given to the summing up of the transaction, meaning a clear and comprehensive summary of the content of the contract: such a practice brings an end to consumers mistakes leading to undesired contracts.

1.7. *Contract formation*

Concerning the moment at which the contract is concluded, article 11 of the Proposal for a Directive on certain legal aspects of Electronic Commerce foresees three different steps before the contract is deemed concluded:

1) the first step is – obviously – the recipient's acceptance, when the consumer demonstrates his wish to conclude the contract by sending a message to the provider;
2) the second step is the acknowledgement of receipt of the provider sent to the consumer,
3) and the third one is the confirmation of the acknowledgement of receipt by the consumer.

From a consumer's point of view, the time of conclusion of the contract would have been more appropriately chosen when the confirmation is *sent by the consumer*, instead of when the confirmation is accessible to the provider. The time of conclusion chosen in the Proposal makes the risk of a non receipt of the message by the provider born by the consumer, although this latter cannot be held responsible of a technical failure.
In order to guarantee a mean to prove the transaction and its content, a *recording of the transaction* should be provided to the consumer by the provider. Such a record would be useful for both parties: it would testify the contract, its content, the time of conclusion, etc. It could be sent to the consumer through a similar medium than the one used for the confirmation of information, and would present the advantage of focusing on the major elements of the contract the parties could refer to it in case of dispute. In order to guarantee the validity and integrity of the recording, electronic signatures could be used.

1.8. *Consent of the consumer*

A condition of the legitimate processing of the personal data is that the data subject is able to consent to the processing of his personal data for other purposes than those provided for by the law. This principle follows on from article 7 of the Directive 95/46/EC, which provides a list of criteria for making the processing of data legitimate. Article 8 provides for criteria as concerns sensitive data.
The data subject's consent shall mean any freely given specific and informed indication of his wishes by which the data subject signifies the agreement to personal data about him being processed. The consent to the processing of sensitive data must be »explicit«. This consent could be given electronically if the provider ensures that the user has been informed of his right to withdraw his consent at any time, that the user can be identified and that the consent is recorded and cannot be modified.

> Providers should not condition the access to electronic services to the consent of the user to certain processing of personal data, unless this data is necessary for the purpose of carrying out the services[12].

1.9. *Minimisation of the data*

At each step of an electronic commerce transaction, only the necessary data may be processed unless the data subject has given his consent to further data being processed.

> Providers must design their technical and organisational systems with the aim of collecting, processing and using either no personal data at all or as little as possible. For example, browser software should, by default, be configured in such a way that only the minimum amount of information necessary for establishing the Internet connection is processed.
> As concerns client persistent information (that is to say information related to the consumer which remains longer than one session on the computer equipment), the configuration of Internet hard- and software products should not by default, allow for the collecting, storing or sending of such information. Internet hard- and software products should allow the data subject to freely decide about the processing of his/her personal data by offering user-friendly tools to filter the reception, storage or sending of such information following certain criteria[13].

12 This recommendation stems directly from Directive 95/46/EC, which imposes a necessary link between the data collected, and the purpose of the processing.
13 This can be found in Recommendation 1/99 mentioned above.

1.10 *Anonymisation*

Where services are to be delivered electronically, service providers do not necessarily need to know at all times the precise identification of the user. Technology must be made available that will provide individuals with a secure method of authorising and authenticating transactions whilst at the same time minimising the actual need for identification wherever possible. In this line, the German Teleservices Act states that the provider must offer the user anonymous use and payment of services or use and payment under a pseudonym to the extent technically feasible and reasonable. Similarly the Recommendation N° R (99) 5 of the Committee of Ministers to Member States for the protection of privacy on the Internet, offers as a guideline to Internet service providers, that before accepting subscriptions and connecting users to the Internet, they should inform them about the possibilities of accessing the Internet anonymously and using its services and paying for them in an anonymous way (for example through the use of pre-paid cards).

2. *Increasing the consumer's trust*

Site labelling and ADR are both solutions aimed at providing trust and confidence in electronic commerce: they both provide for an answer to Internet user's interests by taking advantage of the network technologies.

2.1 *Site labelling*

> Site Labelling[14] – or labellisation of Web sites – is the combination of technology and audit procedures with the aim of answering consumers' expectations with regard to electronic commerce. It is materialised by an audit procedure estimating the compliance of the site with provisions applying in the fields of consumer protection, identification of the provider, protection of privacy, security, etc., and the posting of a label on the provider's site.

It certifies the quality of the site and allows a consultation of the label's content through an hyperlink available from the site's Web page. The consumer is thus enabled to check the commitments of the site.

14 See also Joseph ROYEN and Yves POULLET, Rapport AGORA »Commerce électronique: vers la confiance!!«, proceedings of the Agora Conference organised by the belgian Ministry of the Economy (sept. 98- Dec. 98) available at the @gora web site.

Site labelling should not be taken as a substitute to legal or extra-legal provisions: it should definitely be considered as a complement to legislative and/or auto-regulation actions.
Labellisation provides an answer to both consumers and businesses' expectations in Electronic Commerce: trust and confidence are developed with the use of this technique. The posting of a label on screen is deemed as a sign of quality and places the consumer in a context of confidence. Its further objective is to develop e-commerce.
Some recommendations can be formulated with regard to site labelling:

i) *Information of the consumer*

The aim of Site Labelling is to increase consumer confidence and trust in Electronic Commerce, it is therefore crucial that consumers are properly informed and aware about this technique. The consumer should easily understand the existence of a label on a Web site's screen.
A proper information of the consumer should be made possible through a hyperlink: a simple click on the label icon should place in front of the consumer, all relevant, comprehensive and easily understandable information.
The information presented to the consumer should notably include:
- *relevant information on the labelling company:* name and address, main activities, contact person, involvement in labelling activities, etc.;
- *criterion to grant the label:* legal basis, scope of application of the label (fields of law covered, e.g. consumer protection, privacy, etc.), procedure to award the label, withdrawal in case of non compliance, protection against fraudulent use of the label, etc.;
- *report about the Web site:* commitments to comply with the criterion developed by the labelling company.

An interactive communication between the labelling company and the consumer should be made possible, enabling the consumer to make comments and ask questions. This information should be presented in a clear and comprehensive way, avoiding the reluctance of the consumer to read a huge quantity of information before understanding the meaning of labellisation.

ii) *Quality of the labelling authority*

The independence of the institutions in charge of site labelling is crucial in order to ensure confidence in the system. The efficiency of the control operated by these institutions is also important. Various remarks should be stressed:

The independence might derive from the quality of the issuer of the label: public institutions or audit institutions. It might also be ensured through the procedure concerning both the definition of the criteria and the control of their compliance. Independence can be reached if the following conditions are met:
- the criteria are defined by a joint committee representing both consumers and Web site providers,
- the same committee or another joint organ is involved in the control of the respect of the labelling conditions.

Furthermore, it is important that Web users are informed about the exact identity of the labelling authority as well as the procedure set up to grant the label and to ensure the compliance with the criteria.

iii) *Effectiveness of the control*

As regard the effectiveness of the control, certain minimal requirements might be proposed:
- *firstly*, the label ought to be delivered to a requester providing the existence of controlling measures and specific guarantees: commitment that the information given is true and complete; commitment that the label's criteria are complied with; commitment to refer to an ADR procedure, etc.
- *secondly*, the duration of the label should be determined (a duration of 6 months seems appropriate);
- *thirdly*, different mechanisms must be settled in order to check if a labelled site does comply with the fixed criteria. A hot line mechanism allowing each Web user to alert the appropriate authority in case of presumed non compliance should be recommended. Additionally, one might suggest the possibility for an independent cyber-tribunal to intervene as a ›mediator‹ or as an ›arbitrator‹ in case of litigation between a labelled Web site and a user. These ›alternative dispute resolution‹ mechanisms – (ADR) – are promoted by the Proposal for a Directive on certain legal aspects of electronic commerce.
- *fourthly*, a certain awareness of the results of the control must be provided to the users. So, the publication of a ›black list‹, a report of the activities of the labelling authority or the ADR associated will be ensured.

iv) *Scope of application of a label*

Given the international character of the Internet, a label limited to the territory of a Member State would be a non-sense. Any initiative of labellisation should at least focus on the European territory and on the European legislation, and

should not lose sight of other initiatives – already existing or at the draft stage – at the international level.
A similar argument applies to the fields of law covered by the label: an increasing number of labels placed on providers' sites would risk creating a deep confusion in consumers' mind and risk damaging their purpose and credibility.
It is quite clear however that a label focusing on a specific field of law or a specific activity would be better adapted than a general one, but the posting of a dozen labels on a single site, or a different label on each different site would be quite confusing.
Ideally, a balance should be reached between those two arguments in order to keep the interest of the label effective.

v) *Minimal requirements*

Labellisation should not undersstand as a compulsory standard for electronic providers. It should exist on a voluntary basis.

Labellisation should not dedicate any monopoly, be it public or private. It should be based on a competitive market where any company is free to propose a labelling activity.
Then the setting-up of the label should be made in co-operation with professional associations concerned by the field of application of the label should be involved in the setting-up of the label's criterion, e.g. consumer associations, professional associations of a particular sector, etc. Official authorities, although not be responsible for the initiatives of labellisation, could be associated in the setting-up of label's criterion. Such an involvement would participate in providing more credibility to the technique.
Security must be provided with regard to the use of the label:
- the label should not be reproducible by a non authorised person, from both a technical and a legal point of view;
- the label should not be falsified;
- the withdrawal of the label should be possible only by the labelling company.

Costs are inevitably incurred by the labelling activity: audit performance, periodical checks, etc. The cost required by the labelling company should not be prohibitive for SMEs engaged in e-commerce.
The labelling company should not escape from its liability: it should be aware of its liability with regard to the label granted and all the consequences of this awarding. Be it for the audit report, the monitoring of the label, the relation with third parties, the consequences of a non authorised use, the labelling

company should face its liability. In practice, it means that the company should take the necessary steps to be covered by a professional insurance for the possible damages. Likewise, the company in charge of auditing a site will be submitted to an obligation of secrecy applicable to all information collected at the occasion of the audit procedure.

2.2. *Alternative Disputes Resolution mechanism: Cyber-magistrate*

Cyber-magistrate is a specific form of ADR, combining the technology and a mediation or an arbitration procedure, specially designed for electronic commerce operations. The main idea is to provide to the Web users a possibility to sue an information society service provider through electronic means in case of alleged non-compliance with the regulatory requirements applicable to the electronic commerce transaction (e.g. non respect by the service provider of the author's right of the complainant, non delivery of the promised good, false advertising, illegitimate blocking of a Web site, etc.).

> So required, the cyber-magistrate will act either as a *mediator*, or as an *arbitrator*. In the first case, his competence will be limited to search, with the parties involved in the litigation, a compromise satisfying the different parties. In the second case, the parties will acknowledge to the cyber-magistrate the competence to take a constraining decision that might be enforced by the official courts through the exequatur procedure.
> Different experiences of ADR have been developed, mainly in North America[15].

Cyber-magistrate should be seen as a way to provide more effectiveness as concerns the respect of the regulatory requirements insofar as:

- first, an easy and not costly access to the magistrate is provided through electronic means,
- second, the cyber-magistrate has the possibility to use the electronic means (including for example video conference) in order both to communicate with the parties and to enforce his decision.

Finally, it might be expected that a more rapid solution would be offered in comparison with traditional public jurisdiction. It is also obvious that one might expect that only relevant specialists in electronic commerce would be proposed as cyber-magistrates.

15 Cybertribunal: http://www.cybertribunal.org
Online ombudsman Office: http://aaron.sbs.umass.edu/center/ombuds/default.htm
OMPI: http://www.arbiter.wipo.int/
WIPO On-Line Dispute Resolution Service for Internet ONE: http://internetone.wipo.int/
Virtual Magistrate: http://vmag.vcilp.org/
IRIS – Mediation: http://www.iris.sgdg.org/mediation/index.html

Cyber-magistrate presents an attractive solution and numerous advantages, notably:

- its flexibility allows an adapted procedure and an adapted solution, within a limited period of time and at low cost value;
- its confidential nature is also of importance for businesses who might prefer to see their conflicts solved without any publicity;
- furthermore, an alternative solution presents fewer difficulties with regard to the enforcement of the decision, compared to the difficult enforcement of a judicial decision, especially in an international environment.

According to article 17 of the Proposal for a Directive on certain legal aspects of Electronic Commerce, Member States shall ensure that, in the event of disputes between an information society provider and its recipient, their legislation allow the effective use of out of court settlement mechanisms including by appropriate electronic means. The conditions for such an alternative way to solve disputes are explained in paragraph 2: the bodies responsible for out of court settlement of disputes shall apply the principles of independence and transparency, the adversarial principle and the principles of effectiveness of procedure, legality of the decision, liberty of parties and representation.
As stated in the recitals of article 17, out of court dispute settlement should be »particularly useful for some disputes on the Internet because of their low transactional value and the size of the parties, who might otherwise be deterred from using legal procedures because of their cost«.
ADR is seen as a complement to judicial procedures, its aim is to propose a tailor-made solution better adapted to the particularities of the network than traditional court procedures. To be fully efficient and adapted to the needs of the actors of the Internet, it is foreseen that an alternative way of solving disputes should comply with minimal requirements, such as a certain quality of the person in charge of solving the disputes, with a necessary condition of neutrality and independence; the transparency of the activities of the cyber-magistrate in order to benefit to others; the necessarily voluntary character of the procedure; the proper information of the consumer about the purpose of the procedure; the compliance of the decisions adopted with the legal requirements notably as regards consumer protection; the complementarity with traditional court role.
Furthermore, the complementarity with the technique of site labelling should not be ignored as both participate in the development a context of confidence and trust on the Internet.

Here again, some recommendations can be formulated with to ADR:

i) *Quality and independence of the cyber-magistrate*

The third party asked to solve the dispute should present a specific competence as regards electronic commerce and electronic transactions. The independence of this third party is also a crucial point: it should not represent the interests of a party to the detriment of the other.
In that sense, the University sphere might pay an important role as it is the case presently in the first CyberTribunal experiments. The cyber-magistrate should be neutral and, as far as possible, be established at a local level in order to facilitate the contacts with local consumers and to avoid problems such as languages, culture, national habits, etc.
Moreover, certain existing rules about the arbitration and the designation of the arbitrators might be applicable.

ii) *Transparency of the activities*

Transparency is expected regarding notably the following:
- the choice of the person acting as a cyber-magistrate;
- the method of work of the cyber-magistrate;
- the procedure to adopt the decisions;
- the constraining force of the decisions.

Likewise, the activities of the cyber-magistrate should be as far as possible transparent: the decisions adopted should be available on the site of the cyber-magistrate, while guaranteeing the anonymity of the persons involved in the procedure. Such publications should allow actors of the Internet to be aware of the disputes that arise between parties, and of the solution that was brought to the dispute.

iii) *Information of the consumer*

A proper information of consumers on the technique of cyber-magistrate should be made. It is of crucial importance that consumers properly understand the meaning and the purpose of the mechanism and of the interests it presents for the dispute.
The information provided should therefore concentrate on the mechanism of cyber-magistrate, its functioning, the consequences for the parties involved in the procedure, the rights and obligations of each party, the constraining character or not of the decision, the compliance with the legal requirements, the possibility at any step of the procedure to stop the alternative procedure and go to Court, etc.

This information should be aimed at enabling any consumer to understand the procedure and the steps to follow.

iv) *Voluntary character of the procedure*

The choice of an alternative procedure to solve a dispute should be based on a totally free decision of both parties. No party should feel obliged to choose this way of solving disputes. This is the reason why the above-mentioned information takes a crucial importance, as the parties should be well aware of the non-compulsory character of the procedure. The option of each party should therefore be given freely, which implies that even if the parties have previously opted for an alternative solution, this does not preclude the parties from giving their consent again at the time wher the dispute arises, and possibly to change their opinion.
This voluntary character also implies the possibility for both parties to withdraw from the procedure at any step, and to decide eventually to go to court.

v) *Representation*

The alternative procedure should also allow a representation of the parties notably by professional bodies such as consumer associations, professional associations or federations. The representation by a lawyer should obviously also be possible.

vi) *Compliance with legal requirements*

Existing legal requirements should be taken into account in the decision adopted by the cyber-magistrate. Such an alternative way to solve disputes should not be seen as a regulatory approach in itself where legal obligations are modified. It should on the contrary comply with the existing legislation in the fields of consumer protection, privacy protection, trade practices, etc.This compliance will notably participate in increasing the credibility of the cyber-magistrate.

vii) *Complementary with traditional Courts role*

The initiative of cyber-magistrate should be complementary to traditional courts insofar as traditional means of dispute settlements should also be reachable through electronic means in the future. A positive influence should be exercised on the traditional procedure.
One strongly recommends that the development of mechanisms of dispute resolution through the use of electronic means will be the fact not only of pri-

vate initiatives but also of the public service of Justice in the context of the necessary modernisation of the functioning of the traditional Courts. It seems that the possibility of Courts' seizure through electronic means ought to be enforced legally and that in case of trivial cases or of minor importance, the possibility of judging or sentencing by electronic means must exist. Moreover, the judge must have the competence to use the new techniques in order to communicate his sentence and to enforce it.

Conclusions

Besides the recommendations formulated with regard to user protection, whose aim are to provide a better protection, site labelling and ADR are both mechanisms aimed at providing trust and confidence. All together, such initiatives are means aimed at developing confidence in electronic commerce.
Site labelling and ADR materialise the wish of Web site owners to take into account the interests of Web users in order to increase exchanges between themselves. In other words, site labelling and ADR are answers provided by Web sites owners to the fears of users who might be reluctant to conclude contracts on the Internet because of the uncertainty linked to this new form of doing business.
Likewise, ADR should be seen as a follow-up of site labelling insofar as the commitments taken by the site in the frame of the labelling process can be sanctioned (in case of non-compliance) by the possibility offered to the user to submit a dispute to an on-line magistrate. While site labelling is a first step towards the development of a context of confidence and trust, ADR is a second step attesting the site's commitment to see his possible infringements sanctioned through an on-line procedure adapted to the technique used.

The Electronic Challenge to Private Law[1]

Mads Bryde Andersen, Copenhagen

Contents

1. Introduction	114
a) The challenge	114
b) Object and scope	114
2. What is new in Electronic Commerce?	115
a) Overview of the concept	115
b) What is »digital« technology?	116
c) Digital messages as documents	117
d) Digital signatures	118
e) Trusted third parties	120
f) Conclusion	120
3. Contract formation	120
a) The problem defined	120
b) Subjective concepts	121
c) Attribution of digital signatures	124
d) »Receipt«	125
i. What address?	125
ii. What format?	126
iii. What system?	126
4. Interpretation of digital messages	127
a) General remarks	127
b) Incorporation by reference	127
5. Digital information as performance	129
6. Other issues	130
a) Problems of evidence	130
b) Security issues	131
c) Content control	131
d) Encryption and interception	132
7. How do we meet the challenge?	132
a) The role of academics	132
b) A role for legislators	132

1 An extended version of the present contribution was originally published from the Centro di studi e ricerche under the headline *Electronic Commerce: A Challenge to Private Law?* Roma 1998. Certain parts of the text have been updated after the 1998 publication. A subsequent version is published in the anthology from the University of Copenhagen »Legal issues at the dawn of the millenium (edited by professor Peter Blume, DJØF-publishers, Copenhagen 1999).

1. *Introduction*

a) *The challenge*

For several reasons, basic ingredients of private law have remained largely unaffected by new lifestyles and new technologies. Concepts like »declaration of will« and »communication of intention« have a close relationship with *human decision-making*. Commercial codes are to a large degree founded in *trade usages* and commonly agreed patterns of thought. Concepts like »delivery«, »passing of risk« and »non-fulfilment« are based upon practical concerns and contractual practice. There are numerous examples of generally applied contract clauses becoming part of private law legislation and, on the other hand, of such legislation making reference to what is commonly *practised* or *understood* by parties to particular transactions.
With this in mind, electronic commerce (a concept which will be explained below in Section 2) clearly presents challenges to private law. When computers are used to create binding obligations – separated from the »intent« and »knowledge« of their holders (that is, the »liable party«) – uncertainty may arise to what extent legal concepts such as »declarations of will« and others are applicable, either directly or by analogy. Difficulties may arise if system errors result in what is »said« not being the same as what is »meant« by the system user. Should an »offer« or »acceptance« by the computer then be dealt with along the same lines as the offer and acceptance of an agent? Should they be treated as ordinary or *sui generis* declarations of will? Or should they be viewed as purely technical functions of a computer system, subject to a specific statutory or contractual framework?
These questions do not yet have accepted answers. When considering these questions, the underlying technology cannot be ignored. This presents its own difficulties. Not only is the technology complex and rapidly changing, but electronic commerce is only to some extent regulated by legal means (e.g. contracts and legislation), and to a greater extent by technical means. When it comes to some of the critical issues, technical standards may even hinder the chance of achieving a sound legal result. Added to this complexity, the border-free nature of technology (by virtue of the Internet) means that rule-making in the field of electronic commerce takes place simultaneously in all countries and across various trades and businesses.

b) *Object and scope*

In this article I analyse some of these challenges facing some basic private law concepts. I will begin by describing digital technology in general and the notions of digital »messages« and »signatures« in particular (Section 2). I will then go into some of the basic concepts of the law of contract formation (Section 3) in the light of these new technologies and also take into account the way in which those concepts are being dealt with in various international instruments (inter alia, notably the 1995 Unidroit Principles and the 1996 UNCITRAL Model Law on Electronic Commerce). In Section 4 I will comment on some of the problems of interpretation and incorporation of digital messages – a problem which has been much discussed in the UNCITRAL working group on electronic commerce. Section 5 deals with the application of sales legislation (and the Unidroit principles) on contracts dealing with digital information. Section 6 outlines some issues not yet covered by this article. Finally, in Section 7, I will give my view on whether new legislation is needed to deal with digital challenges.

As already indicated, the scope of this article is first of all restricted to *private law*. Within that, the aim is not to analyse particular legal provisions in order to face the challenge presented by electronic commerce, but rather to point out some general concerns in certain *type of rules* – mainly within the law of contract and sale. The main purpose is thus *analytical* by nature: how do we manage – conceptually and within legal reasoning – to translate the legal concepts of the physical world into the digital world of electronic commerce?

2. *What is new in Electronic Commerce?*

a) *Overview of the concept*

»Electronic Commerce« is a »buzzword«, that is, a commonly used concept with no clear meaning but with a strong capacity to associate itself with a subject area of current interest. In general terms, the concept deals with any kind of commerce (be it business-to-business, business-to-consumer, or business-to-administration) where computers or digital technology are used, irrespective of whether the technology is used as a *medium* for connecting the parties (see Section 3 on contract formation by computers), as the *vehicle* through which the transaction is completed (see Section 5 on contracts for digital information), or as the *object of performance* (as in contracts dealing with Internet access etc., an area not covered in this article).

In the 1997 U.S. presidential report, A Framework for Global Electronic Commerce, a number of issues in Electronic Commerce are highlighted: *Financial issues* (customs and taxation, electronic payments), *Legal issues* (»Uniform Commercial Code« for electronic commerce, intellectual property protection, privacy, security) and *Market Access Issues* (telecommunications infrastructure and information technology, content, technical standards). The document suggests a number of principles for global electronic commerce: 1.

The private sector should lead, 2. Governments should avoid undue restrictions on electronic commerce, 3. Government involvement should mainly support and enforce a predictable, minimalist, consistent and simple legal environment for commerce, 4. Governments should recognise the unique qualities of the Internet, and 5. Electronic Commerce over the Internet should be facilitated on a global basis. The 1996 UNCITRAL model law on Electronic Commerce consists of one *general part* dealing with application of legal requirements to data messages and communication of data messages, and a *specific part* dealing with carriage of goods. It is still subject to discussions within UNCITRAL whether other parts will follow as the work continues. Indeed, even the 1994 UNCITRAL model law on International Credit Transfers could be viewed as dealing with electronic commerce.

In private law, there seem to be three key areas of electronic commerce:

The first and the one most focused upon in this article deals with *contract formation by computers*, with or without the use of digital signatures and paperless documents. Up until now, this is the area that has attracted most legal attention, both at national level (with a number of digital signature statutes under way in numerous countries) and internationally (notably within the EU, the OECD and UNCITRAL).

The second area of electronic commerce deals with *performance made by computers*. If we leave aside rules enabling electronic stock market trading, this activity is still very much in its infancy and comprises some fundamental issues of rights and obligations in transactions conducted over open electronic networks. This area not only includes the ambitious U.S. vision to create »A Uniform Commercial Code for Cyberspace«, recently adopted by the U.S. uniform law commissioners as the Uniform Computer Information Transactions Act (UCITA), but also rules and a technical infrastructure for digital payments with or without the use of credit cards.

The third area deals with the legal *infrastructure* for electronic commerce in a broader sense. This covers the question of what role governments should play in building the information infrastructure, content control on the Internet (to support good marketing practices and to protect minors from harmful content), taxation and interception. The whole area of copyright protection – an area with a considerable contractual dimension – also falls under this heading. Some of these issues are briefly summarised in Section 6, but are not dealt with in depth in this article.

b) *What is »digital« technology?*

The word »digital« comes from the Latin, *digitus*, finger and refers to one of the oldest tools for counting! When information is stored, transmitted or forwarded in *digital* format, it is *converted into numbers* – at the most basic machine-level as »zeroes and ones«. With the incredible speed with which modern computers may process these »zeroes and ones« (modern processors can perform up to 1 billion calculations per second!), it has become relatively easy to »digitise« information that earlier was provided by other means. That explains why books, music, motion pictures and certain types of services are now available on the Internet and also why the Net is often viewed as an information superhighway where all information is and should be available to everyone at all times.

The conversion of analogue information into bits implies – to use a popular expression introduced by Professor Negroponte at MIT's MediaLab, in his book *Being Digital* (1995) – that *atoms* are replaced by *bits*, see also Zerdick et al.: Die Internet-Ökonomie, p. 15, as quoted in the contribution from professor Kilian to this conference. When material items convert into something immaterial, difficult legal issues arise. Does the law of sales apply when the »product« is merely a *number* copied from A's computer to B's? And if so, when is the product delivered, and when should it be taken back in a case of a termination of contact?

c) *Digital messages as documents*

Digital technology also provides a powerful tool for creating, sending, storing, receiving and processing messages purported to have legal consequences. Apart from the problems of contract formation, digital documents pose the legal system considerable problems where there is a legal requirement to present an *original* document, as in the case of certain instruments, such as debts, cheques, and bills of exchange and lading. No matter how the digital message is processed and forwarded, it is basically only a number, *not* a unique piece of paper.

If one insisted that there is always an original version of such a number, its »original« version would have to be the medium on which it was first manifested. This, hardly usable, criterion would most often point to the RAM unit of the computer system of the originator, i.e. a media of a substantially different nature than the paper media we are used to handle. And that media would even have a rather short life-span: When the originator generates the message (for example by encrypting it or extracting a hash value from it), and when he subsequently downloads it to a hard medium (for example a disk), he is – technically speaking – only creating *copies* of the message, a hundred per cent identical to the »original« document (number).

Modern computer technology does provide solutions to all these problems. The use of digital signatures and trusted third parties solves a number of problems regarding the practical concerns caused by the lack of originality of digital messages, the security of the *authenticity* and *originality* of the message (i.e. it was created by its originator and not unintentionally altered), and when dealing with security for *non-repudiation* (i.e. the originator cannot deny that he signed the message).

d) *Digital signatures*

In a broad sense, a *signature* is a *sign* of its originator's intent to be bound by something. In the history of paper-based commerce, signatures are one of the most commonly used methods for making a document binding upon its originator. Signatures are used for documents. There is no point in »signing« oral representations. In a world of oral representations, »intent« in different cultures has been established by such different means as wax seals, animal sacrifices, tribal objects etc. In discussing digital signatures, the main question is how to provide a similar expression and evidence of intent and thereby make such signatures trustworthy for commercial purposes.

To analyse the legal requirements for digital signatures, it is tempting just to focus on the various features of *paper signatures*. But such an approach may limit the possibilities of using digital technology to support *more powerful* legal consequences than we are used to in relation to paper signatures, so that state-of-the-art technology is not used to the maximum benefit of all parties. For example, digital signature technology can also be used to create legal obligations by automation (as in the case of so-called open-edi systems), to tailor specific signatures for specific transactions (which may be needed for electronic shopping applications on the World Wide Web), and not least to support business transactions between parties who have no prior knowledge of each other. In addition, digital signature technology is less susceptible to fraud and unauthorised use than paper documents.

The common core to all these solutions is the use of *encryption algorithms*. If two parties – as the only parties in the world – know how to encrypt and decrypt a message, this gives them the security of knowing who the message originates from and that the message has not been altered during transmission. One of the classic examples of this is the so-called Caesar substitution: every letter in the plain text is replaced by the letter found a fixed number of letters forward in the alphabet (repeating the alphabet after the last letter). That idea was used by Arthur C. Clarke in his book »2001 – A Space Odyssey«, where the name of the main character, HAL (a computer!) can be interpreted as an encrypted version of IBM.

Encryption systems of that kind are today characterised as *symmetric* because the process of going from plain text to crypto-text is the same as going from crypto-text to plain text. The number of steps required is the »key« which also indicates the number of steps to go backwards in order to decrypt the information: the same process is used by replacing H with I, A with B, and L with M, when deciphering the text. By using so-called *asymmetric* systems, however, two different yet matching keys are used. If the message is encrypted by one of these keys, it can only be decrypted by the other key, and it is practically impossible to calculate the other key on the basis of the used key. Every user may then generate his own key pair and publish one of these – known as the *public key* – to be used by his present or future communicating parties, while at the same time keeping the other key, known as the *private key*, secret. Parties can thereby communicate with each other in total security without ever having met. Previously, they had to share a (one) secret key (because otherwise there would be the risk of the key's security being compromised by transmitting it over an insecure line, such as the Internet). Now, only public keys need to be communicated, while the secret keys remain secret and are never communicated.

As an illustration of how asymmetric crypto systems work, one may conceptually visualise the secret key as a means to translate the message from English into an artificial language only known by the key holder. The secret key is the dictionary by which the message is translated from English into the artificial language, while the public key is the adverse dictionary that translates the message back into English. Being the only holder of the dictionary of the artificial language (the secret key), the recipient of the encrypted information, who generates plain English text by using the »public« dictionary, is certain that the text was generated by the sender. Thereby, non-repudiation is provided. In principle, it may be possible to reverse engineer from one key (the public key) to the other (the secret key), namely by going through all the words of the »public« dictionary, one by one, but this method will be too time-consuming if sufficiently large keys are used.

The purpose of encrypting plain text by use of the secret key can be to sign the message digitally. The digital signature is a unique number based on the signatory's secret key and the plain text and using a secure encryption algorithm. When the addressee uses the signatory's (originator's) public key to recover the plain text, he can verify the identity of the person signing and thereby the originality and authenticity of the message. Not only can documents in digital formats be verified that way, but also payment orders and other expressions of will.

Public key encryption systems are very slow because they demand substantial computer resources. This impediment can be overcome by generating a fingerprint, a so-called *hash value*. Hash values are used as input for the generation of the signature, rather than the message itself. A hash value is calculated by use of an agreed, publicly known mathematical algorithm. By use of that function, a bit-string with a certain, fixed length, typically somewhere between 64 and 160 bits (as short as possible to avoid overhead), is created so that it is practically impossible to find two different messages with the same hash value. Furthermore, given a hash value, it is practically impossible to recover any message with that hash value.

e) *Trusted third parties*

Even if the strongest encryption technology were to be applied, encryption does not solve the problem that digital documents (i.e. messages and signatures) are basically exact numbers and copies. The solution, however, is simple and classical: instead of entrusting the legal consequences to the media, a trusted third party is nominated to keep track of rights and obligations.
The use of trusted third parties to overcome the »dematerialization« of the paper-document is already well known in the financial sector. Since the early 1980's, a number of Securities Centres have been established in numerous countries to replace paper-based stocks and bonds and provide for real-time on-line trading that we have become so dependant upon in today's financial markets. Trusted third party technology is also planned to be used in the so-called BOLERO project in which paper-based bills of lading are to be replaced by a central data base which is notified when these documents are transferred.
It should be borne in mind, however, that trusted third party solutions only work in open environments, if their rights and obligations are established within a legal framework. Legislators, therefore, face the task of providing the necessary framework for these paper-free infrastructures.

f) *Conclusion*

As indicated above, there are numerous technical solutions to the problems posed by digital technology. As has been said: *the answer to the machine is in the machine*. The interesting question is to what extent these solutions can be implemented on the basis of existing laws and concepts, or whether changes are needed to ensure the required security, reliability and trust. So far, the only answer to that question has come in relation to paper-free documents. Whether similar legal initiatives may be deemed necessary in other regards, is considered below.

3. *Contract formation*

a) *The problem defined*

As has already been discussed, some of the most basic concepts of private law are challenged when contracts are entered into by computers. This challenge

confronts at least two types of rules and underlying concepts: On one hand, there are rules with concepts that point to *a subjective state of mind* of the party under obligation (like »knowledge« and »intent«). On the other hand, there are concepts that point to an *objective situation*, for example, where a message undergoes some kind of transformation (i.e. is sent, received, encrypted or decrypted etc.). This applies to concepts like »receipt«, »dispatch« and others: see below at page 9 and subseq.
The first and most fundamental and difficult problem to cope with not only touches on the requirements of subjective intent according to existing rules of contract law but also on the rules to be drafted on digital signatures.

b) *Subjective concepts*

In relation to the first group of »subjective« concepts of contract law, the challenge posed by electronic commerce depends on what legal functions those concepts have within each legal rule. Most jurisdictions require some kind of subjective *intent* in order for there to be a contractual obligation. Therefore, the applicability of this concept is of fundamental importance in relation to digital messages. Furthermore, in some jurisdictions, the *knowledge* of a party carries certain legal consequences, e.g. in relation to the withdrawal of offers. This is the case in Nordic contract laws.
According to Nordic contract laws, an offer may be revoked up until the moment that the offeree knows of its existence (this is different from the Unidroit Principles, art 2.4 and CISG, art 16 where an offer can be revoked up until the point that the offeree has sent his acceptance). If A's computer has forwarded an EDI offer to B's computer, and A subsequently wants to withdraw that offer, A has that option until B has gained actual knowledge of the offer. In the case of a fully automated EDI system, B might not even know of the offer until B has completed the order, at which time B may suffer a substantial loss for his costs from the transaction. In Danish contract law there has been considerable discussion about how to establish an equivalent to this knowledge criteria but so far no firm consensus has been reached. If the point is not dealt with by the parties in an EDI trading partner agreement, it is my view that B (or a person who duly represents B) only obtains knowledge of the message, when B gets actual knowledge of it. Until that point, the message may be withdrawn with the effect that no contract has been concluded. However, is it possible to establish that A has in some way been negligent in maintaining his computer system and if that negligence has caused the error, A may be liable in tort (but not in contract) for B's losses.
The challenge to electronic commerce concepts is that computer systems can be programmed to dispose of messages in ways that are very similar to the ways humans dispose but with no immediate human intent. By programming

computer systems to dispatch and receive binding digital messages without (immediate) human interference, it is possible to establish contractual obligations with no *immediate* assent or agreement. Substantial advantages in terms of efficiency may be obtained from such fully automated systems for electronic data interchange (EDI) not least because the automation in itself enables transactions to be made precisely at the size and exactly at the time needed for the particular transaction (so-called *just in time* production). But in case of a computer error, where is the subjective state of mind? Since the computer has no mind of its own, the only »intent« one can find is, strictly speaking, the mind of the computer programmer and in many cases he would not have a reasonable chance of avoiding the error.

In my opinion, the answer to that question should not be deduced from conceptual reflections on where the actual or latent *will* is, but rather on *a pragmatic approach*: when parties conclude agreements by using computers, they have *preliminarily* – that is before the actual contract is made – made certain agreements on how to contract. The contents of these agreements should be examined. This approach – which indeed applies in Danish law – is in full accordance with article 2.1 of the Unidroit Principles, according to which a contract may be concluded ». . . by conduct of the parties *that is sufficient to show agreement*«.

The critical, and in some instances doubtful, point is, of course what, under this rule, is »sufficient« to show agreement. If this is not clear from an EDI Trading Partner Agreement, the answer to that question must be dealt with as one of interpretation, where – as also set out in article 4.3 of the Unidroit Principles – regard shall be had to all the circumstances, including preliminary negotiations between the parties; practices which the parties have established between themselves; the conduct of the parties subsequent to the conclusion of the contract; the nature and purpose of the contract; and common meanings and uses.

In ordinary day to day communication, especially in consumer transactions conducted over the Internet, difficult issues arise regarding the use of web-technologies to conclude agreements. Businesses in web-based electronic commerce often display a detailed set of standard contract terms on the site that the user is requested to read and confirm by the click of the mouse on an »OK«-icon. Such contracts – often referred to as »point and click« contracts – give rise an obvious question of contractual validity: To what extent should such a clicking be considered to be a declaration of will, or just as a practical step to get access to the site that bears no legal consequences?

When the point and click contract is compared to standard contracts on paper, an obvious difference appears in terms of length and level of details. Terms written into a homepage will often appear as much more detailed than paper versions. On the other hand, contrary to the paper document, web technology allows the business to *force* the user to go through (if not read) all the conditions before he clicks the OK icon. But still, the firmness of »promises« given under these circumstances may often be weaker than in classical contractual settings, like hand-shaking or signing of documents. It may therefore be doubtful whether such declarations of intent constitute the necessary basis of the contractual obligation.

Although this whole question depends on general contractual reflections, it seems possible to sort out at least two situations where somewhat more specific rules can be applied:

First, under present net-practice, it would be unusual that *a single key-stroke* is considered to represent a binding contractual promise. Net-businesses usually require a number of operations (among others including answers to specific questions) before consumers or others are expected to be bound contractually. When payments are effected by a mere key-strokes, the incentive of the business to specify towards the consumer that a legal obligation arise, will weaken. But today, such payment schemes are not broadly used.

As the situation is today, it seems well-founded to conclude that the validity of a »digital declaration of intent« on the consumer's part is conditioned on the fact that the consumer has been given *a clear message* that he wants to be bound and that this message is based on *previous information* from the business on what this means. Under Danish law, consumers will not be bound by »declaration of will« given by unintentional key strokes caused by unclear web-interfaces and with no possibilities to correct such mistaken key-strokes. This also implies that the rules on validity of contracts – cf. Chapter 3 of the Unidroit Principles – should apply to messages that due to errors in transmission are received with a different content than intended by the sender. Under article 3.6 of the Unidroit Principles, such errors are considered to be *mistakes*, which may be relevant under article 3.5 of the Principles (if the mistake was of such importance that a reasonable person in the same situation as the party in error would only have concluded the contract on materially different terms or would not have concluded it at all if the true state of affairs had been known).

The UNCITRAL Model Law on Electronic Commerce provides for a different and somewhat harder attitude, see article 13. If the message originates from an information system programmed by the originator to operate automatically, an addressee is entitled to regard it as being that of the originator and to act on that assumption if he properly applied a procedure previously agreed to by the originator (for example by reading his e-mail or decrypting the message under an agreed encryption algorithm) or the message resulted from certain actions that enabled such access. However, the addressee is not entitled to regard the message as that of the originator, if he knew or should had known that the transmission resulted in any error in the data message as received. As indicated below, this problem of »attribution« is presently subject to much debate in relation to the various proposals for digital signature laws. According to its second footnote, the UNCITRAL model law on Electronic Commerce does not »override any rule of law intended for the protection of consumers«. This specific rule seems to be one where the need to protect consumers override the underlying reasons of the model law.

Secondly, and on the other hand, it seems well-founded to assume that consumers who type in their credit card numbers or other confidential information on themselves to a web-site in the process of purchasing goods or services, are generally bound by orders forwarded on the basis of such information. The fact that a consumer reveals payment information indicates that he or she has shifted from the anonymous browsing mode and into the legally binding ordering mode. This shift not only marks a change in the state of mind of the consumer (the subjective requirement), it is also a clear indication to the recipient. To this can be added that the typing of such information as a matter of fact supports the subsequent payment transaction. Last, but not least, this division line between what obligates and not also seems to be reflected in present e-commerce practice.

c) Attribution of digital signatures

Just as digital signature technology provides a powerful tool for creating legal rights and obligations, that technology may also be used unintentionally to create unforeseen rights and obligations. This may be the case in the event of an erroneous identification of a person or an erroneous attribution of a public key to a person (which gives rise to difficult issues of liability in relation to the person or authority certifying the identity of the key holder). But more generally, the value of a digital signature depends on whether the private key-holder is entitled to avoid the legal obligations stemming from fraudulent use of his key.

This is among the more controversial issues in the discussions on digital signature legislation. Is a signature which is made by using the holder's private key, *eo ipso* a binding signature? In that case, the law (or contract) may establish an *irrebuttable* presumption that the holder of the said key would be deemed to be the signatory of a data message to which that digital signature was affixed. Alternatively, digital signature laws might create a *rebuttable* presumption.

The discussions on these issues depend on a number of considerations that may require different distinctions. For one thing, it may be necessary to distinguish between different kinds of digital signatures and signature purposes, for example, so that there are varying legal consequences to various levels of security performed by various algorithms and that the corresponding variations in the cost of digital signatures can be taken into account. It may also be necessary to take into account the different circumstances under which digital signatures are used. The same standard should not necessarily be used for purely commercial transactions between long-term trading partners and for the submission of tax declarations to public administrations.

d) »*Receipt*«

In the second group of »objective« concepts we find the notion of *receipt* (and dispatch) in relation to digital messages. Classical concepts of receipt do not take into account the different channels by which a digital message may reach the recipient. Unlike paper messages, digital messages are not forwarded as physical items to publicly known letter-boxes. The forwarding of the digital message consists of a number of copies made by the sender, the recipient and the computer systems in use. When a message is dispatched by A's PC, it starts at the RAM-memory of the *PC itself*, then goes on to the *server* to which the PC is connected, then on to the *routers* and *servers* that the Internet uses, until – hopefully – it (or actually the small data packages that the message consists of according to the Internet protocols) is received by B's system, where similar procedures operate in reverse.
This particular way of communicating gives rise to at least the following problems:

i. *What address?* Electronic addresses are much more flexible than actual physical addresses: an individual may have a number of different e-mail addresses that he uses for different purposes. In a commercial or public organisation, the number of electronic addresses is much greater than the number of employees. What address then should be the one that causes the legal effect of a »notice« etc?
According to article 15, subparagraph 4, of the *UNCITRAL Model Law on Electronic Commerce*, a data message is deemed to be received at the place where the addressee has its place of business, unless otherwise agreed between the originator and the addressee. It is furthermore stated that if the addressee has more than one place of business, the place of business is the one with the closest relationship to the underlying transaction, or, where there is no underlying transaction, the principal place of business. If the originator or the addressee does not have a place of business, reference is to be made to its habitual residence.
The provision should be read in the light of article 15, sub-paragraph 2, according to which the addressee can designate an information system for the purposes of receiving data messages. If he has done so, receipt occurs at the time when the data message »enters the designated information system« or –

if the data message is sent to an information system of the addressee which is not the designated information system – »at the time when the data message is retrieved by the addressee«.
The *Unidroit Principles* do not contain a similar provision. It is therefore a question of interpretation, as to what is a person's mailing address with regard to electronic mail. This question is most difficult where parties have had no prior contact. In the absence of an agreement between the parties, the main rule must be that only such electronic addresses that the addressee has specifically notified (for example, on letterheads or business cards or entries in commercial directories) can be viewed as »mailing addresses« in the sense of article 1.9.3 of the Unidroit Principles. This conclusion is in accordance with article 6.1.8 of the Principles on payment by funds transfer, according to which payment may be made by transfer to any financial institution where the obligee »has made it known« that it has an account.

ii. *What format?* When the message is transmitted from A to B, it is subject to a number of subsequent transformations. The Internet protocols subdivide each message into packages which are then forwarded separately from A to B. Furthermore, the message may itself be subject to encryption to maintain confidentiality from third parties (by encrypting the whole message into cryptotext) or to make it possible for the receiving party to validate the origin and the integrity of the message (by using digital signature technology). The question then is, in what format must a message appear in order for it to have »reached« the addressee.
The answer to that question must take into account the basic interests underlying any rule of notice: the recipient must have the opportunity to read the notice and act on it, since it may impose legal obligations upon him. As a main rule, the message must be forwarded in a readable format, if it is to be regarded as »reached« by the addressee. If the addressee must decrypt the message or otherwise subject it to a time-consuming technical procedure in order to read it, the *time* of receipt may be postponed by the time required to complete such a process.

iii. *What system?* At the point where A's digital message reaches B, it is not at all clear what »receipt« shall mean from a technical point of view. With regard to electronic mail, the receipt of electronic mail comprises at least the following steps: first, a copy of the message is forwarded to a mail server to which the recipient has access; secondly, a command is given by the recipient to access the message on this server. This step often implies that the message is copied to the recipient's own system, e.g. to his PC, but not necessarily; and thirdly, the recipient transforms the received bits to readable text, e.g. by displaying it on screen or by printing it on paper.

According to one point of view, the mere receipt of a message on the *mail server* constitutes »receipt«, regardless of whether the recipient has accessed the server, and regardless of whether such access is subsequently precluded, e.g. because of technical breakdowns or unexpected behaviour by the service provider. This interpretation regards receipt at a mail server in the same way as receipt of a post office notification of a registered letter where – at least according to Danish law – the main rule is that the notice itself does not imply receipt of the letter. Another view maintains the analogy between registered letters and electronic mail and argues that receipt does not take place until the message is available at the *recipient's own system*.

In my opinion, a combined approach should be applied. Thus, receipt occurs when the message becomes accessible to the recipient, regardless of whether the recipient has actually attempted to access the message and whether it subsequently becomes inaccessible due to computer breakdowns etc. In the case of such a breakdown, the message must be regarded as »received«, even though the addressee did not read it before it was deleted.

4. *Interpretation of digital messages*

a) *General remarks*

There is widespread consensus that digital messages shall not be discriminated against merely on the basis that they are digital messages. That principle is one of the cornerstones of the UNCITRAL Model Law on Electronic Commerce – expressly stated in article 5 – but the principle also applies in other legislation, including article 11 of CISG and article 2.1 of the Unidroit Principles.

As a main rule, although the interpretation of digital messages has the same principles as the interpretation of other messages, some of the special characteristics of digital technology may imply a somewhat different approach. Due to the lack of »intent« behind each message, the technical circumstances of a digital message hardly play any role. On the other hand, the actions taken by the parties – as individuals – upon the »conclusion« of the contract (i.e. their behaviour in relation to shipment of goods and payment of prices) should generally be given more careful consideration.

b) *Incorporation by reference*

When contractual clauses are incorporated by reference and not fully expressed in a written document, doubt may arise as to the legal conditions under which such information may legally be regarded as part of that document. These legal issues are known in the context of paper-based communications, e.g. by use of INCOTERMS-clauses and other texts which are widely known and accepted world-wide. The issue of incorporation by reference presents two problems in relation to electronic commerce. *First,* as already mentioned, there is no general practice for what should be incorporated into digital messages – how and to what effect. *Secondly,* the technical possibilities of incorporating provisions into EDI messages are more limited than is the case in paper messages. For messages to be incorporated into digital signature certificates, prevailing standards only allow a maximum of 64 characters.

The need to incorporate larger messages into shorter EDI-messages is perhaps most predominant in relation to those messages that *certify* the identity of the holder of a public key (cf. above on the application of digital signatures). Certification functions for digital signatures may very well give rise to severe claims for damages since such signatures can be used for high volume transactions. There is therefore a need for a certification authority (often referred to as the CA) to spell out what liabilities the CA accepts, and under what conditions. Such rules are frequently published in »Certification Practice Statements« of many pages, and from the CA's point of view there is a need to give them contractually binding effect towards third parties.

At the UNCITRAL meeting in June 1998, a new provision was adopted for the UNCITRAL model law on electronic commerce. According to this new rule, »Information shall not be denied legal effect, validity or enforceability solely on the grounds that it is incorporated by reference in a data message.« It is clear that this provision does not provide a solution to the general question of how messages can be incorporated with legal effect. That issue, however, proved to be too complicated to harmonise, and harmonisation of this general area of contract law solely with regard to »electronic commerce« might not be adequate.

According to Danish law, the requirements for incorporating clauses with legal effect depend on the content of the incorporated clause. If the clause includes surprising contract terms, the requirements for incorporation are higher, in other words the invoking party must establish that the other party had (or should have had) actual knowledge of such terms. The mere clicking of an icon does not in itself establish such knowledge: To most users, such clicking only serves technically purposes (to continue to the next screen!) and does not in itself prove that there is an immediate will to be bound. The correct analogy to the paper world here seems to be small print on a contract form which is formally signed but obviously not read by the party in question.

5. *Digital information as performance*

One of the basic questions in computer contract law has long been whether the laws of sales (in the U.S., the UCC.; at international level, the CISG; and within the Nordic context the uniform Nordic sales laws) should apply to computer software. Most commentators seem to agree that the media-parts of a computer system (diskettes, chips etc.) fall within the sales legislation and it seems also to be the predominant view that the sales laws generally apply to standardised software packages, whereas general principles of contract law apply to bespoke (tailor-made) software.

In the Nordic countries, the main impact of the sales act in consumer sales concerns the statutory warranties. Outside such purchases, e.g. in a commercial setting, the main difference is the one year *statute of limitation* which applies unless an unequivocal exclusion hereof exists. In Anglo-American computer law, the discussion regarding the applicability of the laws of sales appears mainly to be a question whether computer software in general – and standard software in particular – should be considered as goods or services.

The discussions on the applicability of the sales laws have not focused on the *communicative* aspects of computer software, in particular and digital information, in general. The fact that information cannot be »worn out« gives the concept of defects a unique character. Furthermore, the philosophy behind the remedies for defects etc. may be difficult to apply, bearing in mind that at least the software aspects of a computer system are seldom – if ever – free from defects. The inadequacy of the law of sales shows up in particular when applied to the »purchase« of data from a database. Such data can be duplicated basically with no costs, and the »transfer« in itself can be based on various media: via diskette, through lines of telecommunication or by other technical means. This leads to new problems concerning delivery, the redelivery and, indeed, the financing of such goods and services.

There is less consensus over the information aspects of the system, e.g. those that resemble the program with e.g. a book: the concept of movable points to something that is either »here« or »there«. Furthermore, physical phenomena can be worn out etc. By contrast, information and ideas can be copied endlessly with no loss of quality. This gives the concept of defects a unique character.

For a further discussion see my (Danish) books, Edb og ansvar (1988) at p. 331 et seq and Lærebog i edb-ret (1991) at p. 455 et seq. That particular opinion, however, is presently subject to much debate. See e.g. Jacob Nørager-Nielsen at the Nordic Legal Meeting in Reykjavík, August 1990 (Proceedings vol. 1, at p. 285), and Ellen-Kathrine Thrap-Meyer: Forbrukerkjøp og edb (»Consumer purchases and computers«), published as Complex 5/1989 from the Norwegian Research Center for Computers and the Law.

6. *Other issues*

a) *Problems of evidence*

Apart from being a manifestation of the signatories' intent, signatures can serve other legal functions. First, they are used as evidence that there was intent by the signing party. A written signature may prove that the document was seen and accepted by the signatory. Expert evidence is seldom needed in such cases. Secondly, the signature may fulfil certain formal requirements provided by case law, statute or contract. Although different, these two functions may serve identical purposes. Formal requirements usually aim at ensuring that the person signing intended to do what he manifested by his signature. For most practical reasons, however, the fact that the parties fulfil the terms of a contract is in itself good evidence that it was also concluded by them. When no third party considerations have to be taken into account, the signature merely works as a well-known symbol that the parties have (finally) agreed to conclude a contract.

In relation to the laws of evidence, there is an important distinction between written signatures (by which the originator is physically in touch with the medium of the signed document) and symbolic signatures (by which the originator only provides a set of symbols in order to ascertain his consent to the document but without necessarily manipulating the document by hand). Both kinds of signatures can be copied, but with different consequences. When a written signature is copied, the copy loses some characteristics. On the other hand, the evidential value of paper signatures is limited. The signature does not establish persuasive evidence that the message was not changed after the signature was made. The paper signature is basically a way of establishing that the signatory had the document before him and intended to accept it. But since his intent to do so may be proven in various ways, the signature is not necessarily the ultimate mean of doing so.

On the other hand, there is a fundamental incompatibility between the extremely high degrees of mathematical probability, on one side and the flexible – and all but exact – rules of evidence, on the other. Most lawyers will prefer to have a »back door« out of even the most clear-cut doctrines of evidence. This feeling, together with the difficulty that most lawyers have of grasping the complex technical encryption principles, leads to the understandable tendency to retain the option of deciding evidential problems on the basis of considerations of a much looser nature than the sharp mathematical framework of this powerful technology.

In 1998, the Danish government IT Security Council has published a set of guidelines on the evidence value of digital documents, see <www.itsikkerhedsraadet.dk>. The guidelines apply to all types of documents in digital form and set forth a number of recommendations to be followed by any organisation that decides to »go digital«. Not only does this cover circumstances where the organization in question replaces its own paper documentation with electronic files but also instances where the organization decides to scan incoming documentation and to shred scanned documents.

It is already obvious according to the Danish law of evidence, that electronic documents as such can be introduced as evidence in court (and in administrative tribunals). What may be viewed as exceptional in the guidelines from the IT Security Council is the recommendation that an organization only keeps the scanned paper documents (and, accordingly, shreds the original version) if its risk analysis does not show a significant higher risk of a weakened legal position by doing so. The recommendation by the Council, accordingly, is generally not to keep all scanned documents in their paper form, unless such keeping is recommended for particular purposes (e.g. in the case of negotiable instruments, official certificates and others).

b) *Security issues*

Contract laws often make certain presumptions over the security of the means of communication by which messages are sent and received. In its definition of time of acceptance, article 2.7 of the Unidroit Principles makes reference inter alia to »the rapidity of the means of communication employed by the offeror«. Article 2.8 provides a specific rule for acceptance times by means of »instantaneous communication«.

With regard to such rules, the question can be raised whether Internet communication is a »rapid« way to communicate and whether it provides for »instantaneous communication«. Such questions, however, can hardly be answered generally. The Internet itself is not a network but a network of networks, the speed and security of which entirely depends on who operates that part of the Net involved in the communication. When a particular message is sent from A to B, it may often reach B within seconds, but if the Net is overloaded at the time of communication, it may take hours or perhaps days.

As it is often the case for such questions, the question of rapidity or simultaneousness cannot be answered in general terms. The technical features of the communication in question as well as the transaction involved must be taken into account.

c) *Content control*

Like any other information vehicle, the Internet is occasionally being used to transmit illegal or harmful information. The efficiency with which such transmission can take place and the fact that it may ultimately reach under age end users have raised the question of »censorship« of Internet communication. In the United States this has led to the adoption of a Communication Decency Act which was partly overturned by the Federal Supreme Court in 1997. So far, Europe has taken a more reluctant attitude, with the directive on Electronic Commerce which also deals with content liability.

d) *Encryption and interception*

Another important issue is the question of interception. The need for businesses and individuals to secure communication by encryption and the need for governments to be able to intercept communication has created a conflict between two valid interests. The balancing of these fundamental interests has already given rise to political discussions in various fora as well as to some legislative initiatives. In its March 1997 Guidelines on Encryption Policy, the OECD has taken a reluctant attitude towards encryption legislation. So far no requirements are being placed on member states to restrict the use of products that can be used for encryption in any way. But the international political discussion continues. The question has subsequently been dealt with at numerous ministerial conferences and diplomatic meetings.

7. *How do we meet the challenge?*

a) *The role of academics*

As a law professor facing the question whether electronic commerce presents a challenge to private law, it is reasonable first to ask what role academics should play in such challenges. From the above comments, it should be clear that the technology in itself necessitates new forms of analysis of the border between law and technology. Those academics who are concerned with the legal aspects of contract formation by computers etc. cannot tackle the subject without some understanding of the underlying technology and with a clear understanding of the basic concepts behind private law, in general and contract law, in particular. Furthermore, since this dual knowledge is not always available to legislators and the administration, academics and the administrations should – and to a large extent do – co-operate and collaborate closely.

b) *A role for legislators*

The question whether legislators take up the challenge of electronic commerce and legislate for it should, in my opinion, be answered on a need to have basis. In the Nordic countries, contract laws are among those least frequently revised, and for good reasons. As stated at the beginning of this article, they are based on general and fundamental principles and are intended to apply to a variety of different transactions.

As indicated above, there are, however, some areas where legislation is called for. If a common framework should develop for the use of digital signatures in open networks, some general rules on the legal consequences of the use of such signatures should be made, not only at national but also at international level. Work to that effect is taking place within UNCITRAL, the EU and within various other international bodies. Furthermore, if the paper-free document should be employed to replace the negotiable instrument, a special legal framework would be needed. Such a framework is already in place in relation to the trading of stocks and bonds on stock exchanges in various countries, and the laws supporting these systems are a useful guideline for how similar systems could be introduced in other areas.

Outside such areas of law, the general rules of contract law together with the use of known means of interpretation do provide an element of certainty over the questions relating to electronic commerce.

Sitzungsbericht

Detlef Koch, Frankfurt a. M.

Die Arbeitssitzung der Fachgruppe Zivilrecht am 23. September 1999 in Freiburg wurde durch den Fachgruppenleiter Prof. Dr. Dr. h.c. Hans-Leo *Weyers* (Frankfurt am Main) eröffnet. In seiner Einleitung stellte *Weyers* zunächst die Bedeutung der Thematik und insbesondere die tatsächlichen Erscheinungsformen des Electronic Commerce dar. Im Anschluss hieran gab er einen kurzen Überblick über die bisherigen rechtlichen Probleme. Dabei stellte er vor allem die Frage des Vertragsschlusses und hier die Willenserklärungen in elektronischer Form dar. Als weiteren Schwerpunkt der derzeitigen rechtlichen Problematik im Rahmen des Electronic Commerce wies er auf die Fragen der Erfüllung eines »elektronisch geschlossenen Vertrages« hin. Insbesondere beschäftigte er sich auch mit der Thematik der fehlerhaften Überweisungen im Rahmen der Erfüllung von Kaufgeschäften. Abschließend stellte *Weyers* die Frage, welche der aufgetretenen Probleme tatsächlich neu sind und inwieweit hierbei neue rechtliche Konstruktionen tatsächlich erforderlich sind.

Im Anschluss an die Vorstellung der Referenten durch *Weyers* erstattete Prof. Dr. Wolfgang *Kilian* (Hannover) sein Generalreferat. In der Reihe der Länderreferenten begann Prof. *Raymond T. Nimmer* (Houston) mit seinem Referat und erläuterte die Fragen des Vertragsrechts im Electronic Commerce aus der Sicht der Vereinigten Staaten. Prof. Dr. *Yves Poullet* (Namur) beschäftigte sich in seinem Bericht insbesondere mit Fragen des Vertragsschlusses im Electronic Commerce. Zum Abschluss der Referate erläuterte Prof. Dr. *Mads Bryde Anderson* (Kopenhagen) die rechtlichen Probleme im skandinavischen Recht im Bereich des Electronic Commerce. Für den Inhalt der jeweiligen Referate wird auf die vorstehend abgedruckten Beiträge verwiesen.

Den Anfangspunkt der sich hieran anschließenden Diskussion setzt Prof. *Reich* (Bremen). Er hob hervor, dass sich das Kriterium des Vertrauens durch sämtliche Referate gezogen habe. Insbesondere gehöre das Stichwort des Vertrauens zu den Hauptaspekten des Generalreferates. In diesem Zusammenhang wies er auf den EG-Richtlinienentwurf für Finanzdienstleistungen hin. Auch hier finde sich das Kriterium des Vertrauens erneut, wobei diesem jedoch nur beim »Erstbesuch« eine tragende Rolle zukomme. Im faktischen Bereich wies *Reich* wieder darauf hin, dass in Deutschland zum Teil abenteuerliche Zustände bei Bestellungen im Internet hervorgerufen insbesondere durch US-Firmen bestünden. Besonders prägnant sei dies im Pharmabereich. Die vorhandene EG-Richtlinie zum E-Commerce könnte hier Abhilfe schaffen. Zudem sei zur Klärung solcher Fragen an eine Erweiterung des Verbraucherbegriffes, wie er von der Cour de Cassation definiert worden sei. *Kilian* erwiderte hiergegen, dass abenteuerliche Zustände im Internet aus seiner Sicht eine Sache des Wettbewerbsrechts seien. Für ihn sei das »digitale Vertrauen« ein wesentliches Kriterium, räumte jedoch ein, dass die Instrumente hierfür noch zu schaffen seien. Prof. *Nimmer* erwiderte zum Beitrag von *Reich,* dass Missbräuche im Internet letztendlich auch eine Sache des Strafrechts sei und nicht ausschließlich durch zivilrechtliche Instrumentarien zu lösen seien.

Im Anschluss hieran berichtete Prof. *Patti* (Rom) von der italienischen Gesetzgebung zur digitalen Signatur. Dieses Gesetz sei zwar auf eine grosse Akzeptanz gestoßen, lasse jedoch die Fragen des Missbrauchs des »digitalen Siegels« noch ungeregelt. Hierzu erläuterte *Kilian,* dass in Deutschland bewusst davon abgesehen worden sei, die digitale Signatur mit dem Beweisrecht zu verkoppeln. Geleitet sei dies von der Erfahrung, dass die Unternehmen regelmäßig die im Internet ausgetauschten Willenserklärungen noch einmal auf Papier verschickten. Ein Ausweg sei für ihn hierbei nur über die Einrichtung eines Schiedsgerichtes erkennbar. Prof. *Hirte* (Jena) bezweifelte die Differenzierung im Generalreferat hinsichtlich eines persönlichen und eines digitalen Vertauens an. Nach seiner Ansicht könne ein Vertrauen lediglich aus einer langfristigen Geschäftsbeziehung resultieren. Zudem sprach er den Aspekt der Einbeziehung von Allgemeinen Geschäftsbedingungen an und zog eine Analogie zur Telekommunikationsverordnung in Deutschland. Hiergegen wand *Kilian* ein, dass nach seiner Auffassung Vertrauen nicht alleine aus »face-to-face« resultiere. Den Vorschlag von *Hirte* hinsichtlich einer Einbeziehung Allgemeiner Geschäftsbedingungen bei Vertragsschluss im Internet teilte *Kilian.* Er wand jedoch ein, dass die Telekommunikationsverordnung ursprünglich eine öffentlich-rechtliche Natur gehabt habe und sich das Telekommunikationsrecht erst allmählich aus dem öffentlichen Recht zum Zivilrecht hin entwickele.

Prof. *Pfeiffer* (Bielefeld) wies darauf hin, dass dem Zivilrecht nicht lediglich eine »Ermöglichungsfunktion« zukomme, sondern dies auch die Aufgabe habe, einen »Interessenausgleich« herbeizuführen. Dem müsse auch für den Bereich des E-Commerce Rechnung getragen werden. Hinsichtlich der Einbeziehung der Allgemeinen Geschäftsbedingungen wies er auf die Problematik der Kenntnisnahme Allgemeiner Geschäftsbedingungen hin, die sich regelmäßig bei Internetgeschäften schwierig gestalte. Zum Vertrauensaspekt erklärte Prof. *Gounalakis* (Marburg), dass sich dies im Business-to-Business Bereich nicht schwierig gestalte, da hier andere Kriterien gälten. Sehr viel schwieriger sei die Herstellung von Vertrauen im Business to Consumer Bereich. Hier sei nach seiner Auffassung die rechtliche Infrastruktur überfordert. Ein Hauptgesichtspunkt stelle insoweit die Datensicherheit dar. Problempunkte seien das Fehlen einer verbindlichen Rechtsfolgenanweisung und vor allen Dingen auch die beweisrechtliche Situation. In letzterem seien die Haftungsfrage der Zertifizierungsstelle nicht geklärt, die Anerkennung ausländischer Zertifizierungsstellen seien unklar und das Handeln unter Pseudonymen stelle sich als erhebliches Problem dar. Abschließend wies er auf bestehende Probleme des Datenschutzes hin. Prof. *Kilian* teilte die Auffassung von *Gounalakis,* dass dem Vertrauensaspekt bei Verbraucherverträgen eine besondere Relevanz zukomme. Bevor jedoch zugunsten des Verbrauchers eine Umkehr der Beweislast hinsichtlich der Abgabe einer Willenserklärung per Gesetz eingeführt werde, möge man doch zuvor über andere rechtliche Techniken nachdenken. Insoweit warnte er vor einem gesetzgeberischen Schnellschuss. Die Haftungsfrage von Zertifizierungsstellen schließlich, so wandte *Kilian* ein, sei ein typischer Fall der Gefährdungshaftung, und insoweit rechtlich zu regeln.

Prof. *Spindler* (Göttingen) führte aus, dass die E-Commerce Richtlinie der EG bedauerlicherweise gerade die Frage des Zugangs der Willenserklärung nicht regele. Zudem wies er auf die Problematik des internationalen Privatrechts hin. Mit der Frage des »Forum-Shoppings« und der Anwendbarkeit der jeweiligen nationalen Rechtsordnung beschäftigten sich auch Dr. *Lurger* (Graz) und Dr. *Dethloff* (Freiburg). Hierzu resümierte Prof. *Koch* (Rostock), dass im Bereich des E-Commerce der »Offenbarungseid« des internationalen Privatrechts zu erkennen sei. Insoweit zog er als Fazit, dass alle Lösungen zwar im materiellrechtlichen Bereich gefunden werden könnten, aus seiner Sicht bestünde nach wie vor die ungelöste Problematik der Rechtsdurchsetzung.

In dem Schlusswort der Referenten betonten diese noch einmal die Lösbarkeit der rechtlichen Fragen des E-Commerces. Zum Abschluss äußerte *Kilian* die Hoffnung, dass sich für die Zukunft ein eigenständiges »Internetrecht« herausbilden möge.